$q2$

UN COIN DU MORVAN

ARMAND BILLAUD

Un Coin
du Morvand

(LE CANTON DE LORMES)

Ouvrage illustré de 30 Photographies

CLAMECY

DESVIGNES, LIBRAIRE-PHOTOGRAPHE-ÉDITEUR

Place des Barrières

1900

PRÉFACE

Il y a quelques années à peine, le Morvand était un pays inconnu. On savait bien à la vérité qu'il existait quelque part, au centre de la France, un massif montagneux portant ce nom, mais on n'aurait pu dire si ce pays était beau ou laid : les touristes dirigeaient leurs excursions sur les routes classiques de la Normandie ou de la Bretagne, de l'Auvergne ou du Dauphiné, des Alpes ou des Pyrénées, mais il ne serait venu à l'idée d'aucun d'aller excursionner en Morvand.

« Ce pauvre Morvand d'ailleurs était décrié par
« ceux qui auraient dû le défendre : » Les monta-
« gnes du Morvand, a écrit Claude Tillier, le
« célèbre pamphlétaire nivernais, ne sont pas des
« montagnes d'artistes. Ce sont de bonnes grosses
« collines bourgeoises, toutes simples, toutes
« rondes, toutes unies, voilà tout. Elles ne disent

I

« rien à l'imagination..... Vous diriez de grands
« tas de terre qu'au jour de la création Dieu a fait
« brouetter là.... Elles n'ont pas de neiges à leurs
« sommets ! — Leurs eaux ne se précipitent pas
« assez, elles n'ont pas assez de bruit, assez d'écume,
« assez de colère : elles ne hurlent pas comme des
« bêtes féroces..... Ce ne sont pas elles qui vou-
« draient se permettre d'emporter un pont ! — Le
« Morvand n'est pas un pays d'aventures ; vous ne
« rencontrerez pas sur ses sommets de ces horribles
« précipices où, pour rouler jusqu'au fond, on
« met une demi-journée. Il vous faudra regagner
« le domicile conjugal sans avoir pu mettre en
« portefeuille la moindre scène un peu dramatique,
« sans avoir le moindre accident à raconter à
« votre famille terrifiée..... Le Morvand est un
« individu qui a l'épaule tournée, mais qui n'a
« pas le mérite d'être bossu ! »

Qu'on s'étonne, après cela, que notre cher et
beau pays ait été ignoré, abandonné aussi longtemps !

Or, il y a environ deux ans, en juin 1898, le
général de Boisdeffre, chef de l'état-major général,
accompagné des généraux Jamont et Hervé,
entreprit un voyage d'études dans nos montagnes,

et il fut reconnu qu'en cas d'invasion, le Morvand, mieux que tout autre pays, offrait une région assez vaste, assez facile à défendre, pour pouvoir y grouper nos forces et déboucher ensuite sur tel point des lignes ennemies où nous pourrions porter un grand coup en les coupant en deux parties. Il fut démontré que dans ses forêts épaisses, dans les défilés formés par ses vallées profondes, une poignée d'hommes pourrait tenir contre une armée.

La découverte du Morvand était faite! On en parla alors un peu dans les journaux, et des touristes, en assez grand nombre, s'avisèrent de venir excursionner dans les environs de Lormes. Il faut croire, — dût en frémir l'ombre de l'humoristique Claude Tillier, — qu'il y a des gens qui préfèrent une épaule simplement tournée aux deux bosses de Polichinelle, et qui trouvent que le besoin paradoxal de l'épouvante n'est nullement obligatoire pour jouir de la beauté d'un site, — ces touristes s'en retournèrent charmés, ravis des paysages si pittoresques et si variés que chaque tournant de nos routes ménage aux yeux du voyageur. Depuis lors, il en revient chaque année et leur nombre va toujours croissant. Certains d'entre eux ont comparé le Morvand à une petite Suisse, à une Suisse en miniature.

Cette comparaison ne manque point de justesse, si l'on veut considérer que, suivant le pays qu'elle habite, dame Nature change d'aspect et de physionomie : En Suisse, c'est une femme superbe, haute de taille, belle de formes ; mais la splendeur même de sa beauté est quelque peu cachée par le fard dont elle se couvre le visage, par les bijoux et les flots de dentelles dont elle aime à se parer. Sa toilette est magnifique, mais d'un luxe criard et dénote peut-être un peu trop la préoccupation constante d'attirer l'étranger. En Morvand, dame Nature est une gentille et simple pastourelle, petite, mais bien faite ; son visage reflète tantôt une douce gravité, tantôt une gaieté ingénue : son sourire est charmant et elle a la beauté du diable. Elle s'en va, tête et pieds nus, les cheveux aux vents, embroussaillés : elle n'a sur elle que sa simple jupe de paysanne, mais elle est honnête et fraîche comme l'eau des sources.

C'est ce cher petit pays que, dans ces quelques pages illustrées de vues prises au cours de mes excursions, j'ai cherché à faire connaître non seu-

Pl. 1 — Panorama de Lormes

lement aux étrangers, mais encore et surtout à mes compatriotes du canton de Lormes.

C'est à eux que je le dédie, aux petits et aux grands, aux jeunes et aux vieux. J'espère qu'en le parcourant ils éprouveront un certain plaisir à y trouver parfois un renseignement ignoré ou un fait oublié.

Mon but, en leur faisant bien connaître notre *Coin de Morvand*, est de le leur faire aimer davantage encore, si possible. Si j'atteins ce but, je n'aurai pas fait œuvre inutile, car faire aimer le pays natal, le petit coin de terre où on a souffert, où on a aimé, où — après l'avoir quitté, — on n'est jamais revenu sans émotion, faire aimer cette patrie intime, cette petite patrie où on a joué enfant et où les vieux parents dorment, c'est, à mon avis, la meilleure manière de faire aimer l'autre patrie, la grande, qui s'appelle la France.

A. B.

Un Coin du Morvand

Le Canton de Lormes

COMMENT S'ÉCRIT MORVAND....

Morvand ne s'écrit pas avec un D ! Voilà vingt fois que je vous le dis.... C'est agaçant d'avoir toujours à répéter la même chose.... !

— Oh ! oh ! on se fâche ici, dis-je en entrant dans les bureaux de Monsieur X, juste au moment où, sur un ton peu gracieux, il apostrophait en ces termes un de ses commis, jeune indigène de Brassy, en train de clore une enveloppe à l'adresse de Saint-André en Morvand.

— Mais figurez-vous, s'écria Monsieur X en me tendant la main, que je ne puis lui mettre en tête que Morvand ne prend pas de D.

— Il écrit d'instinct..., il faut lui pardonner, à ce pauvre petit *Morvanneau*.

— *Morvan...* comment *morvanneau* ! Morvandeau, Morv... au, voulez-vous dire...

— J'ai dit *morvanneau* : Pourquoi diable voulez-vous dire *morvandeau*, puisque vous voulez supprimer le D à Morvand ?

— Ah ! ce n'est pas une raison, cela !

— Ce n'est pas une raison péremptoire, j'en conviens, mais c'est une raison tout au moins plausible, et certainement logique.

— Mais enfin, on ne met jamais de D à Morvan !

— *On...* qui *on* ? Au surplus, d'où vient ce mot ? Savant étymologiste, dites le moi ?

— Ah ! certes, les origines présumées ne manquent pas. Certains auteurs prétendent que Morvand vient de *Morvinus*, nom d'un lieutenant de César, à qui une partie du pays aurait été donnée après la conquête. — Adrien de Valois rapporte, d'après un ancien manuscrit du monastère de Musci, que Saint Heptad, évêque d'Auxerre, qui vivait vers 530, étant obligé de fuir, se cacha dans

Pl. 2 — Lormes en 1800

les bois du *Mort-vent*. Adrien de Valois, qui écrit *Mort-vent*, prétend que ce nom avait été donné au pays, parce qu'il y fait souvent du vent, parce que le vent y mord !

— Ce ne sont point, je suppose, ces belles raisons là qui vous font défendre à votre employé d'écrire Morvand avec un D ?

— Non, assurément... Je ne rapporte tout cela que pour mémoire, et je ne donne ces étymologies que pour ce qu'elles valent ; mais il en est d'autres: Fortunatus, dans sa vie de Saint-Germain, évêque de Paris, vers 496, parle d'un village appelé *Morvennum* situé. dans les environs de Cervon. Adilon, qui écrivait vers la onzième année du règne de Clotaire, en parle également, et le place dans la campagne où se trouve aujourd'hui Cuzy, entre Cuzy et Cervon. — Dans son annuaire de la Nièvre de 1806, Gillet, juge suppléant en la cour de justice criminelle, qui rapporte ces dires, prétend que le nom de Morvand vient probablement de ce village de *Morvennum,* qui devait se trouver à peu près dans la ligne de démarcation entre le sol argileux et l'arénacé. « On serait « tenté de croire, ajoute-t-il, que *Morvennum* est « *Lormes*, parce que cette petite ville paraît

« ancienne et que les autorités que l'on vient de
« citer n'en parlent aucunement, mais il faudrait
« plus que des conjectures pour s'arrêter à cette
« idée.»

— C'est aussi mon avis.

— D'autres auteurs, Gruter, Pictet, de Belloguet,
plus judicieux à mon avis, ont recherché dans la
langue celtique l'origine du nom de ce pays
habité jadis par les Celtes, et prétendent que ce
nom vient de *Mawr* ou *Mor*, qui veut dire
grand, haut ; et *Pen, tête, cime*, qui, avec la
permutation du p en v, a donné *Morven, hautes
cimes*.

— Hautes cimes ! allons donc ! cher ami, c'est
beaucoup trop prétentieux pour nos pauvres petites
montagnes morvandelles, dont la plus élevée
n'atteint pas même mille mètres ! J'admettrais
cette étymologie si ce nom avait été donné aux
cimes alpestres ou aux pics pyrénéens..... mais à
nos jolies petites taupinières qui, sur la surface
du globe, doivent faire l'effet des aspérités d'une
écorce d'orange !..... jamais ! Combien je préfère
l'explication de *dom Bullet*...

— Ah ! les écrits de *dom Bullet* ! « *corpus inep-
tiarum !* »

— Eh ! oui, dom Bullet ; je sais qu'il est aujourd'hui complètement discrédité, mais il n'en est pas moins vrai que, dans le cas particulier, l'étymologie qu'il donne me semble préférable à toutes les autres. L'altitude de nos montagnes morvandelles n'est pas assez élevée pour avoir des glaciers ou des neiges éternelles, et le manteau blanc, dont chaque hiver les couvre, fond et disparait rapidement aux premiers rayons du soleil de printemps. Aussi, de quelque côté qu'on regarde leurs crêtes boisées, on les aperçoit se détachant sombres et noires sur l'horizon. C'est pourquoi dom Bullet prétend, non sans raison, que Morvand veut dire *Montagnes noires* et vient de deux mots celtiques : *mor,* qui veut dire *noir* et *ven* ou *vand,* — avec un D, cher ami, — qui veut dire *montagne.* La même étymologie est attribuée au Morven écossais, montagne du comté de Caithness , célèbre dans les poésies d'Ossian.

— Hum !.... Peut-être dom Bullet a-t-il raison. Oh ! je ne suis pas convaincu ; mais enfin, je suis comme Montaigne : je doute. Petit ajouta M. X, en se tournant vers son commis, écris, — si cela te plait, — Morvand avec un D.

— Oh ! M'sieu, c'est déjà fait, riposta le gamin.

Effectivement, à la place du premier D, effacé, s'étalait un D magnifique ; non pas un pauvre D, petit, honteux, se dissimulant comme quelqu'un qui ne sait s'il a sa raison d'être, mais un D splendide, rebondi, et dont le panache superbement calligraphié occupait un quart de l'enveloppe.

Pl. 3. — LORMES la Tour au Loup

LE MORVAND

dans les Temps Anciens

Le Morvand est un massif de chaînons porphy-
riques et granitiques entouré de couches de calcaire
et de gisements de houille et formant une sorte de
promontoire dans le bassin de la Seine : les vallées
de la Loire et de l'Allier et la dépression utilisée
par le canal du Centre l'isolent totalement au sud
et à l'ouest. Le territoire de Lormes se trouve à la
limite du Morvand ; à l'ouest de cette ville on voit
les roches s'abaisser, et au granit succéder le lias et
le calcaire.

Avant l'arrivée des Romains, notre pays faisait
partie de la Nivernie et était habité par des tribus
celtiques appartenant à la race caucasienne ou
indo-européenne qui, venant de l'Est, couvrit une

2

partie de l'Europe, des Mandubiens d'après Papy-
re Masson, des Ambarres d'après Guy Coquille,
des Eduens d'après Bogros et Baudiau.

Ces tribus adoraient *Teutatès*, le sombre dieu
de la nuit, et *Esus* ou *Hésus*, le Terrible, le dieu
de la guerre, « qui inspire la terreur par ses
autels sauvages » dit le poète Lucain, et à qui
étaient offerts des sacrifices humains.

Les *Druides* ou *hommes des chênes* étaient leurs
prêtres ; ils croyaient à l'immortalité et à la
migration des âmes. Ne possédant pas de temples,
ils vivaient mystérieux au fond des forêts, et ne
sortaient de leurs « sanctuaires de chênes » que
pour présider aux sacrifices, juger les différends
entre les particuliers et les tribus, punir ou récompenser. Prêtres, justiciers, philosophes, poètes
héroïques, devins, ils jouissaient d'une vénération
sans bornes, et, d'après notre grand historien
Henri Martin, pour les Gaulois nos pères, la plus
précieuse des récompenses ou la plus dure des
peines était d'être loué ou flétri publiquement par
eux. Les *dolmens* étaient les autels sur lesquels ils
offraient leurs sacrifices sanglants : ces monuments
se composaient de plusieurs pierres enfoncées
verticalement dans le sol et supportant une pierre

horizontale en forme de table. Il en existait *trois*
autrefois dans le canton de Lormes : un à Dun-les-
Places, un à Marigny-l'Eglise (au sud du hameau
de la *Chaume aux Renards*), et un à Saint-Martin
du Puy *(la Pierre Bernuchot)*. Le premier a disparu,
les deux autres ont été brisés par des tailleurs de
pierres vers 1840. — Certains auteurs prétendent
que la plupart des dolmens du Morvand sont de
faux dolmens, de simples pierres qui « par un jeu
« de la nature ou plutôt par suite de la décompo-
« sition facile du granit, finissent avec les siècles
« par prendre des assises étranges et des formes
« bizarres pouvant quelquefois faire illusion aux
« fanatiques de l'âge celtique ». — Cette opinion
ne doit pas s'appliquer à la *Pierre Bernuchot ;* car,
lorsqu'elle fut brisée vers 1840 et que ses débris
furent envoyés à Paris pour servir à paver les rues,
on trouva aux alentours des monnaies très
anciennes, ce qui permet de supposer que les Druides
avaient dû y sacrifier au farouche *Esus*. — Il existait
également au nord de Lormes, au lieu dit les
Grands Vernets, un autre monument celtique
connu sous le nom de la *Roche aux loups* : il n'en
existe plus trace aujourd'hui.

La plus grande fête annuelle du Morvand dans

ces temps antiques était le jour consacré à la
recherche du gui sacré. Le gui qui « guérit tout,
le rameau d'or pur, » non pas celui qu'on rencontre
communément sur le pommier ou sur le peuplier,
mais celui-là seul qui pousse sur le chêne, passait
aux yeux de nos pères pour un antidote à tous les
poisons et pour guérir la stérilité (Pline). On le
cherchait en hiver, dans les forêts, et, une fois
trouvé, les Druides allaient le cueillir en grande
pompe le sixième jour de la lune : l'un d'eux vêtu
de blanc montait sur l'arbre et coupait la plante
sacrée avec une faucille d'or; au pied de l'arbre,
d'autres Druides le recevaient dans une *saie*
blanche. Deux taureaux blancs dont les cornes
avaient été liées pour la première fois étaient alors
immolés, et le reste de la journée se terminait en
réjouissances et en festins. Ce jour là commençait
la nouvelle année, et les échos des forêts morvandelles répétaient le cri poussé par la tribu entière :
« Au gui l'an né, au gui l'an neuf ! »

— Outre Teutatès et Hésus, nos ancêtres invo-
quaient très souvent le dieu du tonnerre, *Tarann*
ou *Taranis*; et c'est à croire que cet usage s'est
transmis d'âge en âge, à travers les siècles, chez
leurs descendants; car il n'est point rare d'entendre

Pl. 4 — LORMES, la Chapelle du Vieux Château

un morvandeau d'aujourd'hui, un peu parti pour
la gloire, s'écrier en frappant la table de son poing;
« Tounâr me breule ! » ne se doutant certainement
pas qu'en proférant son juron favori, il ne fait que
rééditer celui qu'aimaient à proférer ses pères, plus
de deux mille ans avant lui.

Lors de la conquête de notre pays par les
Romains, les Druides furent pour eux des ennemis
redoutables, et même après la défaite de Vercin-
gétorix en 52 avant Jésus-Christ, les druides du
Morvand ne voulurent point se soumettre. Ils se
réfugièrent dans les forêts des environs de Dun
les-Places et essayèrent encore de soulever contre
la domination romaine les tribus vaincues.

L'empereur Auguste, et après lui l'empereur
Claude, les firent traquer comme des bêtes fauves,
et quand ils eurent tout à fait disparu, le souvenir
du druidisme vénéré et mêlé à une certaine
crainte mystérieuse subsista longtemps encore
dans nos contrées, comme le symbole du patrio-
tisme.

Après la conquête romaine, notre « *pagus
morvennensis* » subit le sort des autres pays
vaincus. Il vit les romains s'établir sur notre sol
et par tous les moyens chercher à dénationaliser

2.

la patrie Celtique. Les vainqueurs construisirent
des voies ferrées et bâtirent des villas dont on a
découvert les magnifiques vestiges en maints
endroits de notre canton. Des cinq voies romaines
qui partaient d'Autun, une passait par Anost,
Planchez, Ouroux, *Lormes*, Clamecy : d'après la
carte des voies anciennes dressée par M. Bilbaut,
sous la direction de M. Kraëmer ingénieur à
Château-Chinon, une autre voie romaine partait
de Lormes et se dirigeait sur *Chora* en passant par
Empury. Il existe encore trace de ces voies près des
Aubues, près d'Empury et près de Jailly : on a
également retrouvé à *Dun* les traces d'un camp
retranché (entre la rivière de la Cure et le ruisseau de Saint-Marc) ; — à *Marigny-la-Ville*, des
débris de tuiles à rebords, de vases antiques, des
médailles ; — à *Saint-André* (dans les bois de
Serée) une superbe mosaïque qui orne aujour-
d'hui une des salles du château de Chastellux ; — à
Lormes (aux lieux dits le Champ des Merises, près
de la grange Journault, sur la montagne de la
Justice, dans le ruisseau qui traverse la ville), des
tronçons de colonnes de marbre, des statuettes,
des tuiles romaines, des médailles aux effigies de
Trajan, Commode, Septime Sévère, Aurélien,

Constance Chlore, Fausta ; à *Pouques* — en 1895 — un vase à anses, de forme antique, renfermant plus de douze mille médailles, moyen bronze et petit bronze, aux effigies de Gallien, Salonina, Tétricus, Victorinus, Claude, Quintillus.

Toutes ces découvertes suffisent à prouver qu'à cette époque reculée, les beautés de notre coin de Morvand avaient su captiver les vainqueurs des Gaulois nos pères, les avaient décidés à s'y créer des villas et à s'y installer à demeure un peu partout.

Au IIIe siècle, notre contrée fut ravagée par les Vandales, les Goths et barbares de toutes races. Vers 451, les Huns conduits par Attila « le Fléau de Dieu », ainsi qu'il se surnommait lui-même, franchirent le Rhin, et dans leur marche sur Orléans, où le roi des Alains les appelait, marquèrent par un sillon de sang et de feu leur passage rapide à travers la partie de la Nivernie dont dépendait notre pays. Quelques auteurs prétendent qu'à la suite de ces invasions un certain nombre de ces barbares s'établirent dans nos montagnes et donnèrent leurs noms aux lieux où ils se construisirent des demeures : (les Goths, D'hun). En ce qui concerne Dun, presque tous les historiens sont d'accord pour rejeter cette étymologie, et prétendent que ce nom ne doit pas s'écrire *D'hun*, mais bien *Dun*, et vient de *Dunum*, qui signifie hauteur, montagne.

Notre Morvand devait être bien des fois encore le théâtre de combats sanglants. Un demi-siècle plus tard, vers l'an 500, il fut conquis par les Francs ; — en 731, lors de l'invasion des Arabes, il fut par eux pillé et dévasté ; et en 843 il fut envahi par les Normands qui se firent battre sur la hauteur des *Plats*, entre Chalaux et Marigny-l'Eglise.

Pl. 5 — LORMES, le Vieux Château

LORMES AUTREFOIS

Lormes, *l'Orme (Ulmus)* a tiré certainement son nom des avenues de vieux ormes qui garnissaient jadis « le Champ de l'Etape », plus tard appelé « place des Ormeaux », et actuellement transformé en promenades publiques et champ de foire.

On trouve pour la première fois le nom de Lormes dans une charte de l'an 1125 par laquelle le roi Louis-le-Gros mandait, par ordre du pape, à l'évêque d'Autun d'avoir à donner l'église de Lormes au prieur de la Charité-sur-Loire. — Cette ville fut autrefois divisée en deux seigneuries différentes : l'une sous le nom de *Lormes-Châlons* relevait du duché de Nevers, l'autre dépendait de la châtellenie de *Château-Chinon* érigée en comté en 1680. — D'après Baudiau, le plus ancien seigneur connu de Lormes fut Séguin *(Seguinus ab Ulmo)* qui vivait au onzième siècle. Hugues III, un de ses descendants, qui prit part à la guerre contre les Albigeois en 1219, le même qui fonda en 1235 l'abbaye du Val Saint-Georges, signa en 1223 un acte d'affranchissement en faveur des habitants de Lormes. Ceux-ci aussitôt s'érigèrent en commune, et, avec l'autorisation de leur seigneur, se fortifièrent en élevant autour de leur ville des murailles et vingt-deux tours, dont l'une appelée la *Tour au Loup* existe encore en partie. Ces fortifications commençaient à la porte Saint-Alban, en face la rue Saint-Pierre, remontaient cette rue, passaient sous le champ de l'étape (les Promenades), entre le four banal et le château et arrivaient à la porte Saint-Jacques ; de là, elles continuaient derrière l'hôtel de ville jusqu'à la porte Fouron et revenaient à la porte Saint-Alban en suivant l'emplacement occupé aujourd'hui par la rue Montigny. Malgré ces précautions, la ville fut prise en 1412 par les Armagnacs qui brûlèrent ses deux châteaux : celui situé sur la rive gauche du ruisseau, au lieu dit le Vieux Château, ne fut jamais reconstruit, la chapelle seule est restée debout ; le duc de Bourbon, seigneur de *Château-Chinon-Lormes*,

se contenta de faire édifier à la place une grosse
tour carrée qui prit le nom de *Tour-de-Bourbon* ;
c'était là qu'on rendait la justice. L'autre château,
sur la rive droite, dépendant de la baronnie de
Lormes-Chalons, fut entièrement reconstruit avec
quatre tours, donjon et pont-levis : son entrée
donnait sur le Champ de l'étape.

— Ces murailles, cependant, ne furent pas toujours inutiles : le 11 avril 1570 elles permirent aux
habitants commandés par un gentilhomme du
pays, nommé *le Pont*, en l'absence de toute gar-
nison, de repousser une attaque des huguenots et
de leur tuer trois cent-soixante-huit combattants.
— Née de la Rochelle, dans ses mémoires, nous
rapporte qu'un gouverneur de Clamecy, Cham-
pommier assiégea Lormes en 1591, par ordre du
duc de Nevers, pour la ravir aux ligueurs qui en
étaient les maîtres ; il fit battre pendant deux jours
les murailles avec deux canons et quatre couleu-
vrines, mais il fut vivement repoussé et obligé de
se retirer. — Baudiau, dans son histoire du
Morvand, raconte, d'après une notice manuscrite,
que cette attaque de Champommïer eut lieu, non
pas en janvier, mais le lundi de Pâques 1591,
pendant que la plupart des hommes étaient à la

fête de Corbigny ; il espérait s'emparer facilement
d'une ville dépourvue de ses défenseurs, mais il
avait compté sans l'héroïsme des femmes de Lormes
qui, — dit la notice, — parurent sur la brèche et
firent pleuvoir sur les assaillants une grêle de
pierres, mêlées de cendres chaudes et d'eau bouil-
lante. Les hommes, revenus dans la nuit, purent
rentrer dans la ville à la faveur des ténèbres et
repousser l'attaque. En souvenir de cette résistance,
les habitants firent le vœu de faire, chaque année,
le mardi de Pâques, une procession où les femmes,
par décret de Louis XIII, furent autorisées à
marcher les premières. Cette coutume existe
encore aujourd'hui.

— Après l'assassinat d'Henri III, le maréchal
d'Aumont, qui avait pris sur les ligueurs la ville
de Château-Chinon, revint assiéger Lormes, s'en
empara et abattit le château. Il fut reconstruit
quelque temps après sur un nouveau plan. Dans
la nuit du 28 au 29 mars 1811, ainsi qu'il est
constaté par un procès-verbal en date du 30 mars
1811, dressé par M. Pierre-Jean-Baptiste Houdaille, alors maire de Lormes, un violent incen-
die en détruisit la majeure partie et ne laissa
subsister que ce que l'on en voit aujourd'hui.

Pl. 6. — L'ancienne Eglise de Lormes, démolie en 1865

Sous la révolution, c'était dans ce vieux château, qui était alors connu sous les noms de « *Grande Maison* » et de « *Rocher* », que se réunissaient le Conseil général de la commune, le Comité de surveillance et toutes les autres sociétés populaires de l'époque. Il servit aussi de caserne à la maréchaussée établie en 1785.

En dehors des deux ailes de ce château, de la vieille chapelle et de la Tour au Loup, il ne reste rien de l'ancienne ville. Les fortifications ont disparu et toutes les maisons ont été reconstruites : la ville en elle-même était d'ailleurs de peu d'étendue et ne se composait guère que d'une rue appelée rue *Martay*. D'après Vauban, la paroisse de Lormes, en 1696, ne comptait que cent-soixante-quatorze maisons et sept-cent-trente habitants ; et, si l'on en croit une notice manuscrite, ces maisons à la fin du dernier siècle étaient « *pour la plupart si mal bâties et si peu élevées qu'un homme pouvait facilement, de la main, atteindre le bord inférieur des toits.* »

Le ruisseau du Goulot, à sa sortie de l'étang de ce nom, venait alimenter le *grand étang de la ville*, aujourd'hui desséché, qui occupait une grande partie des prés bordant la route de Château-

3

Chinon : sous la chaussée de ce grand étang s'élevait le *moulin banal* de la ville.

Il y a lieu de citer encore parmi les établissements ou monuments de l'ancien Lormes disparus : la *chapelle Saint-Pierre* qui se trouvait en haut et à gauche de la rue qui porte aujourd'hui le même nom ; — *la Maison-Dieu* avec chapelle adjacente ; fondée vers l'an 1200 par les seigneurs du pays, au faubourg Saint-Jacques, pour servir de refuge, disent les vieilles chroniques, aux pèlerins qui à cette époque prenaient en grand nombre cette route pour se rendre à Saint-Jacques de Compostelle ; — la *halle*, édifice assez considérable qui s'élevait sur l'emplacement actuel de l'hôtel de ville et qui fut démolie à la suite d'un arrêté pris par le Conseil des notables, le 11 février 1787 ; — la Maladrerie de Saint-Lazare installée sur la route de Tannay, où les lépreux étaient enfermés.

On ne se figure pas, aujourd'hui, le sort épouvantable qui était alors réservé aux malheureux atteints de la lèpre, cette horrible maladie qui, d'après les uns aurait été rapportée d'Asie par les Croisés, qui, d'après les autres, régnait en Europe bien longtemps avant la fin du XIe siècle, et dont l'expansion semblait avoir coïncidé avec la barbarie

qui suivit la destruction de l'empire d'Occident.
Au moyen âge, ce mal s'était tellement répandu
qu'il n'y eut pas moins de *dix-neuf mille* mala-
dreries, lazarets, léproseries, établis dans la
chrétienté pour recevoir ces véritables *parias* de
l'humanité. Les rituels pour la séquestration du
mésel (nom celtique du lépreux) différaient peu des
offices des morts. M. Charles Moiset, qui a publié
une étude intéressante sur l'ancienne maladrerie
de Saint-Florentin (Yonne), raconte qu'après que
le médecin et le juge avaient prononcé la condam-
nation du lépreux, un prêtre revêtu d'un surplis et
d'une étole se rendait avec la croix à sa demeure.
Il l'arrosait d'eau bénite en l'exhortant à souffrir
patiemment son mal incurable et le conduisait à
l'église, en chantant les mêmes versets qu'aux
enterrements. Arrivé là, le lépreux échangeait
ses habits contre un vêtement noir préparé tout
exprès, se mettait à genoux entre deux tréteaux et
entendait la messe, recouvert du drap mortuaire.
Après la messe, on chantait le *libera* et on le
conduisait à la Maladrerie d'où, — véritable mort-
vivant, — il ne devait plus sortir. Le prêtre lui
faisait alors une dernière exhortation et lui jetait
sur les pieds une pelletée de terre.

Quand, au lieu d'être interné dans une léproserie, le mésel était relégué dans une maison isolée, il lui était interdit, sous peine de mort, d'entrer dans les églises, dans les maisons, de laver ses mains ou les objets à son usage dans les fontaines ou les ruisseaux, de passer dans les chemins étroits, de répondre à ceux qui lui adressaient la parole, s'il n'était sous le vent ; il lui était ordonné, quand il sortait, d'annoncer de loin son approche en agitant une *cliquette* en bois, afin de permettre à chacun de fuir les émanations de son corps et de ses vêtements.

La Maladrerie de Lormes, située au bas du faubourg qui en a pris le nom, avait été fondée, croit-on, en 1177, par Hugues II de Lormes, qui l'avait dotée d'une rente de trente-deux boisseaux de froment, sur les moulins banaux de la ville. Cet établissement était administré par des dames séculières.

— L'ancienne église démolie en 1865 appartenait à deux époques différentes : elle s'élevait sur l'emplacement occupé par l'église actuelle. Sa nef, avec ses deux bas côtés étroits, ses piliers massifs, sa tour basse et lourde, ses deux portes en plein cintre, dit M. Baudiau dans son ouvrage sur

Pl. 7 — LORMES, le Château des Aubues

le Morvand, annonçaient une construction du commencement du xiiᵉ siècle. Le chœur terminé par un large pignon, percé de trois fenêtres symboliques, séparé des bas côtés par des piliers cylindriques et sans chapiteaux, datait du xviᵉ siècle. Les deux chapelles au sud étaient de la même époque; celle au nord avait été ouverte en 1620. On y remarquait, comme assez beau morceau de sculpture, le maître-autel qui venait de l'ancienne chartreuse du Val Saint-Georges.

Il reste si peu de chose de la ville ancienne qu'il serait presque impossible à l'étranger qui n'en connaîtrait pas l'histoire, de la reconnaître dans la ville d'aujourd'hui.

3.

JURIDICTIONS ANCIENNES

Vieilles Coutumes

Pendant la féodalité, Lormes fut divisée en deux seigneuries différentes, à la suite d'un partage qui eut lieu entre les seigneurs du pays « *le lundy enprès la feste de saint Germain et saint Remi, de l'an de grâce mil trois cent cinquante-cinq.* » L'une dépendait de l'élection, de la subdélégation et du grenier à sel de Château-Chinon et l'autre de la subdélégation, de l'élection et du grenier à sel de Vézelay. La justice y était rendue depuis cette époque, dans l'une, au nom des seigneurs de Lormes-Château-Chinon, et, dans l'autre, au nom des seigneurs de Lormes-Châlons. Les appels de la première ressortissaient du bailliage royal de Saint-Pierre-le-Moutier et

ceux de la seconde de la pairie de Nevers. Le
bailliage de Lormes-Château-Chinon, outre la
moitié de la ville de Lormes, comprenait encore
les paroisses de Gâcogne, Mhère, Brassy et Dun-
les-Places. Ses sentences criminelles s'exécutaient
à Château-Chinon, tandis que celles du bailliage
de Lormes-Châlons s'exécutaient sur la *Montagne de la Justice*, située à l'ouest de la ville. En
1754, deux misérables, nommés Flanquet et
Santerre, y furent roués vifs pour avoir dévalisé
l'église de Pouques et assassiné une femme.

Il existait à cette époque, sur la place du Marché, un pilori où étaient attachés les individus
condamnés à être exposés aux regards du public.
— Lormes-Châlons possédait, en outre, une
gruerie ou tribunal pour juger les délits forestiers.

Il ne sera peut-être pas superflu de donner ici
quelques courtes explications sur la signification
de ces termes anciens qui servaient à désigner les
diverses juridictions d'alors, ainsi que les différentes formes qu'affectait la propriété. D'après
Gui-Coquille « bailliage signifie droit de protection pour secourir ceux qui sont oppressez. » —
Tous les seigneurs n'avaient pas le droit de donner à leurs juges le titre de *bailli* ; c'était un titre

d'honneur qui supposait un degré supérieur de juridiction et le droit de châtellenie.

L'*élection*, elle, était une sorte de tribunal pour la répartition des impôts et pour juger les différends qui y avaient rapport : l'élu ou officier d'une élection prenait ordinairement le titre de conseiller du roi. Les élus devaient « visiter et chevaucher « leurs élections, s'enquérir des pauvretés des « habitants d'icelles, des sur-taux, des indûment « supportez, des pilleries et exactions des sergents « des tailles, asseurs et collecteurs. » (Edits de François Ier et de Henri II.)

— *Les Coutumes du Nivernais*, rédigées pour la première fois en 1463, modifiées en 1534 et commentées plus tard par Gui-Coquille, régissaient la province et servaient de guide à tous les tribunaux, même à celui du roi. Au temps du régime féodal, la propriété affectait trois formes distinctes :

1° La propriété allodiale qu'on ne tenait de personne, qui ne devait rien à personne et ne relevait que du soleil ;

2° La propriété bénéficiaire ou féodale reçue d'un supérieur et imposant à son possesseur, sous peine de déchéance, la fidélité, l'hommage, l'aveu ;

Fig. 8. — L'Église de Lônnes, vue H et de H de la route de Nérvau.

3° La propriété tributaire qui constituait le servage.

Le servage était un reste de l'esclavage antique. « Le maître, dit un vieil auteur, est seigneur dans « tout le ressort, sur teste et col, vent et prairie ; « tout est à lui, forest chenue, oiseau dans l'air, « poisson dans l'eau, beste au buisson, roche qui « roule, onde qui coule. »

— Pendant très longtemps, en Morvand, rien n'affranchit le serf, ni l'abandon de son avoir, ni la fuite, ni la prêtrise (s'il la reçoit sans l'autorisation de son seigneur), ni même l'épiscopat. La terre ne peut être vendue sans lui, ni lui sans la terre (Coquille). Toutefois, en 1235, Mathilde, comtesse de Nevers, octroya par privilège que les filles pucelles de serve condition pourraient se marier en lieu franc et devenir franches, en emportant des meubles de leur maison en dot et en délaissant l'héritage au seigneur.

Peu à peu, vers la fin du xviᵉ siècle, le serf vit son sort s'améliorer ; il resta encore main-mortable, c'est-à-dire inhabile à hériter ; mais sa famille put éviter de voir passer au seigneur les biens du père, en vivant en communauté.

Par arrêt du Parlement du 15 mai 1574, connu

sous le nom d'*arrêt des Tixier,* la ville et la châtellenie de Lormes, membres et dépendances, tant à la part dite de Châlons, qu'à celle de Château-Chinon, furent exclues de la *forclusion.* La forclusion était une loi portée dans l'article 14 du chapitre des successions de la *coutume de Nivernais,* par laquelle, en succession collatérale, les mâles excluaient les femelles de tous les biens situés dans l'étendue de la province, lorsqu'ils étaient en égalité de degré. Si les femelles étaient dans un degré plus proche, elles succédaient aux meubles seulement, mais les immeubles appartenaient en entier aux mâles quoique plus éloignés. — Gui-Coquille, qui rapporte cet arrêt, ne dit rien des motifs qui le fondèrent ; il le cite même sans en donner la date. Née de la Rochelle, dans ses mémoires, en donne pour raison que Coquille avait écrit au procès pour Félice Tixier réclamant la succession de feu Denis Tixier contre Juliette Mige, veuve de feu Paul Tixier, qui prétendait l'en exclure. Une expédition en forme de cet arrêt a été enregistrée au bailliage de Lormes-Châlons le 8 février 1734.

— En 1790, à la suppression des justices seigneuriales, quand on organisa les nouvelles juridictions, Corbigny fut choisi pour chef-lieu de district, mais on donna à Lormes le tribunal civil; il y siégea pendant dix ans.

La législation actuelle a remplacé toutes ces vieilles coutumes, et une nouvelle organisation judiciaire a succédé aux anciennes juridictions. Avec le progrès, tout a changé, mœurs et coutumes. Le morvandeau de jadis était foncièrement attaché au sol natal; il ne le quittait que contraint et forcé: il y a cinquante ans à peine, alors que notre Morvand n'était pas encore sillonné de routes comme il l'est de nos jours, il n'était point rare de rencontrer dans les villages des vieillards qui n'avaient jamais de leur vie dépassé les limites du canton. « Le morvandeau, a pu dire Duvivier « dans son livre, *Une voix du Morvand (1840)*, « ne quitte pas le coin du monde où il est né; il « meurt où a vécu son père, où mourront ses en- « fants; le même toit les abrite tous, le même « gazon les couvrira. Il vante, il aime, il chérit « son endroit, son clocher, sa *mayon*. »

Ce qui était vrai autrefois, ne l'est plus maintenant. Aujourd'hui, les habitants de notre canton émigrent facilement: nombreux, en effet, sont ceux d'entre eux qui, chaque année, vont passer

quelques mois dans « *le bon pays* » pour
« *y gagner moisson* » ; plus nombreux encore
sont ceux qui partent pour plus longtemps
et vont se placer comme employés ou comme
domestiques à Paris ou dans les environs. Mais
tous conservent l'amour du pays natal, et aussitôt
qu'ils ont pu amasser un petit pécule, ils s'em-
pressent de revenir en leur Morvand ; et, si la
Fortune leur a un peu souri, ils achètent quelques
lopins de terre depuis longtemps convoités, et, à
la place de la vieille maison paternelle, toute dé-
labrée, avec son toit de chaume, ils font édifier
une maison couverte en tuiles ou en ardoises,
dans laquelle ils introduisent quelque peu du
confortable qu'ils ont remarqué dans les habitations des pays d'où ils reviennent.

Ce confortable moderne a amené une révolution,
non seulement dans les habitations des campagnards morvandeaux, mais aussi dans leurs cos-
tumes. Qui se rappelle aujourd'hui la culotte à
genoux d'*oueille*, la culotte à braies, et l'immense chapeau rond de nos grands-pères, « cette
« immense galette de feutre, dit Claude Tillier,
« d'une largeur si démesurée que trois amis au-
« raient pu, sous ses bords, aisément s'abriter

Pl. 9. — LORMES, l'Hôtel-de-Ville

« d'une averse? » — Et la jupe courte à raies multicolores éclatantes faite en toile du pays, avec le chanvre de la chenevière à côté du jardin, et tissée par le tisserand du village ! Et la coiffe ! Et la cape avec capuchon ! Et le *devanté* à bavette ! Autant de choses pour ainsi dire disparues. La mode avec ses caprices a passé par là. Les grands magasins avec leurs facilités de paiement et leurs prix réduits, en apportant le bien être dans la tenue, en ont enlevé toute la couleur locale. Le petit bonnet morvandeau lui-même, le petit bonnet sans brides, gracieux et coquet, avec ses *tuyautés,* ne se rencontre plus aujourd'hui que sur la tête des nourrices, à qui leurs maîtres l'imposent comme un cachet d'origine. Du costume des ancêtres, le morvandeau de nos jours n'a conservé que le *sabot* et la *blouse,* la *bliaude,* qui n'est rien autre chose qne la *saie* d'autrefois, l'antique *saga* des Gaulois.

Comme ses habitants, la ville a changé d'aspect. La rue *Martay* est devenue la *Grande-Rue* ou rue *Saint-Alban,* et les maisons qui la composaient, — d'après le plan daté de 1600 qui existe à la mairie, — ont toutes été reconstruites. A ses deux extrémités, au nord et au sud, de

4

nombreuses constructions se sont édifiées peu à
peu, formant deux faubourgs nouveaux : celui de
la route d'Avallon et celui de la route de Château-
Chinon.

Les différents hameaux dépendant de la commune de Lormes n'ont rien conservé de particulier se rapportant à l'époque ancienne et pouvant
servir à l'histoire du pays. — Seul, le vieux manoir des Aubues, avec ses quatre tours, dont deux
rondes et deux carrées, et ses fossés remplis
d'eau, s'élève encore au nord-ouest, à quatre
kilomètres environ de Lormes, au pied des bois
du Verniau, sur la limite du terrain granitique.

Ce château qui, par sa construction, semble dater
du quinzième siècle dépendait d'un fief mouvant en
toute justice de la baronnie de *Lormes-Châlons*
et appartenait, en 1590, à Claude de Montsaulnin,
dont le fils Adrien épousa Gabrielle de Rabutin,
dame du Montal. Le fils aîné d'Adrien, connu
dans l'histoire sous le nom de *Charles du Montal*, naquit aux Aubues en 1619. Il fut un des
plus vaillants généraux de Louis XIV, qui disait
de lui que ses ennemis « le respecteraient toujours
dans ses places. » — Il était gouverneur de Char-
leroi quand, le 15 décembre 1672, Guillaume

d'Orange vint mettre le siège devant cette ville qui, d'après Mignet, était « la porte par laquelle la France communiquait avec ses garnisons de la Meuse et du Rhin. » Ce jour-là, Charles du Montal était absent : Aussitôt qu'il apprit l'investissement de la ville confiée à sa garde, il se jeta avec une poignée de cavaliers héroïques comme lui, au milieu des troupes ennemies, les traversa et rentra dans la place, qu'il défendit avec un tel courage que Guillaume d'Orange fut obligé de lever le siège (22 décembre 1672).

A la suite de ce fait d'armes, Louis XIV le nomma lieutenant général (1673), et Vauban, qui savait apprécier les actions de valeur, lui décerna le surnom de « *héros du Morvand*. » — Quelques années plus tard, en 1678, il dirigeait le blocus de Mons. Il mourut à Dunkerque en 1696, à l'âge de 77 ans.

LORMES

pendant la Révolution

De tout temps, la population lormoise se passionna assez facilement pour les idées nouvelles. Au XVIᵉ siècle, lorsque se produisit le schisme de Calvin, beaucoup de familles embrassèrent sa doctrine, et pendant quelque temps, si l'on en croit *Courtepée*, la ville fut « empoisonnée de Huguenots. » — Toutefois, cette incursion dans e protestantisme ne dut pas être de longue durée, car les Lormois se déclarèrent partisans de *La Ligue* dès son début, et c'est leur dévouement à cette cause qui amena, ainsi que nous l'avons dit, la prise de leur ville et la destruction de leur château par le maréchal d'Aumont.

Pl. 10 — LORMES, la Cascade

Quand éclata la Révolution, notre population morvandelle accepta assez vite le nouvel état de choses. Plusieurs sociétés populaires furent organisées à Lormes par les soins de *César-Alexandre Lefiot de Lavaux*, envoyé de la Convention Nationale dans les départements du Loiret et de la Nièvre : la Société populaire régénérée, la Société philanthropique, le Comité de surveillance..... Elles tenaient leurs réunions tantôt dans « la *Grande-Maison*, » tantôt dans l'église qui était devenue le « *Temple de la Raison*. »

Le 14 juillet 1791, la municipalité réunit les habitants dans la cour du château et fit prêter à chacun le serment civique. Le 24 mars 1794, le citoyen *Lefiot* tint une réunion publique dans l'église et y reçut des autorités constituées le serment de fidélité à la Convention. Un mois plus tard, le 22 avril, fut inauguré officiellement le « *Temple de la Raison*. »

Voici le compte rendu qui fut dressé de cette cérémonie :

« A dix heures, la municipalité commence
« la fête par la distribution des ornements de
« la ci-devant église, débris du fanatisme,
« aux pauvres, en préférant, selon l'arrêté de

4.

« Lefiot, les parents des défenseurs de la patrie.

 « Au signe d'un coup de canon, les citoyens et
« citoyennes, celles-ci, pour la plupart, armées
« de piques, sont montés en ordre au temple. Là,
« un discours, analogue à la fête, est lu à la
« tribune *de la Raison* par le citoyen Chaix, juge
« de paix, qui est vivement applaudi ; le maire
« en prononce un autre sur l'instruction, qui fait
« une vive sensation ; puis il descend de la tribune
« pour attacher des épaulettes et ceindre d'un
« sabre le jeune *Marotte,* habillé, par ordre du
« représentant du peuple, aux frais de la Nation,
« aux trois couleurs nationales.

 « Cet enfant, y étant monté à son tour, récita
« un petit discours, à la satisfaction de tous les
« auditeurs, sur *les droits de l'homme et du citoyen.*
« Le jeune *Desmolins* y a aussi récité la Constitu-
« tion républicaine et y a été fort applaudi.
« *Claude Etignard,* commissaire national, chante
« une hymne de sa composition, *sur la destruction*
« *du fanatisme.* Cette hymne fait tant de plaisir
« qu'on en demande la répétition.

 « Sorti du temple, le peuple va, avec pompe et
« majesté, aux pieds des arbres de la Liberté, où
« l'on chante avec enthousiasme des couplets

« patriotiques. Aux pieds de ceux de la place des
« Ormeaux, on brûle des écrits non lus, non
« même coupés, du traître Camille Desmoulins
« et de Chaumette. On se rend ensuite dans la
« *Grande Maison*, l'ancien château, où l'on tire
« deux coups de canon et allume un feu de joie.
« Tous les citoyens et citoyennes se traitent avec
« la plus grande fraternité et attendent, en se
« livrant à des danses très nombreuses et très
« gaies, l'ouverture de la *Société populaire*, où
« l'on discute fraternellement. »

Quelque temps plus tard fut célébrée « la fête
des Martyrs de la liberté. ».

Le compte rendu officiel mérite également d'en
être rapporté, afin de donner une idée de l'enthousiasme que les délégués de la Convention entrete-
naient dans le peuple : « S'avance d'abord le
« commandant de la gendarmerie, un détachement
« de la garde nationale avec un drapeau où on
« lisait : *La nation armée reconnaît ses droits et ren-
« verse tous les obstacles;* suivent deux vieillards,
« soutenus par des officiers municipaux, avec cette
« devise : *Honneur à la vieillesse;* puis trois
« femmes enceintes et trois nourrices, ayant
« leurs enfants attachés à la mamelle, avec cette

« inscription : *Honneurs, soins et encouragement aux*
« *mères vertueuses, qui, en remplissant un devoir*
« *sacré, donnent des enfants à la Patrie* ; à leur suite,
« un groupe d'enfants, garçons et filles, avec cette
« légende : *Espérance de la Patrie, vous imiterez*
« *Bara* ; puis, enfin, tous les citoyens, hommes
« et femmes, se tenant sous le bras, quatre ou
« six de front, avec des oriflammes, où on lisait :
« *Union, fraternité.*

« On se rend ainsi au Temple de la Raison, où
« la citoyenne *Victoire Cassard*, institutrice, quit-
« tant le groupe de ses élèves, monte sur l'autel
« de la patrie, ayant sur la tête une couronne de
« chêne, et deux enfants, couronnés de même, à
« ses côtés, avec cette inscription , en gros carac-
« tères : *La vertu honorée.*

« Après divers discours prononcés à la tribune
« de la Raison, on redescend, dans le même
« ordre, auprès des arbres de la liberté, qui ho-
« norent la ville, où l'on chante et danse avec
« enthousiasme. »

Lorsque Robespierre, cherchant à établir une
religion philosophique, avec l'intention d'en être
le grand prêtre, fit proclamer par la Convention
l'existence de l'Être suprême et l'immortalité de

Pl. 11 — LORMES, la Digue de la Cascade

l'âme, la vieille église de Lormes changea encore une fois d'affectation : Par arrêté du 29 mai 1794, la municipalité décida qu'au frontispice de l'édifice, il serait substitué à l'inscription du Temple de la Raison : *Le Peuple français reconnaît l'Être suprême.*

Il existe dans les archives de la mairie de Lormes quantité d'autres documents intéressants sur cette époque extraordinaire, mais dont l'analyse dépasserait le cadre de cette modeste étude.

Les délégués de la Convention allaient non seulement dans les chefs-lieux, mais jusque dans les moindres villages, menaçant ceux qui montraient de la tiédeur pour les idées nouvelles et entretenant le zèle de leurs partisans. Dans certaines communes, il existait des agents nationaux qui étaient chargés de faire les réquisitions de toutes sortes, nécessaires au service de la République.

Nous reproduisons ci-après, comme spécimen du style de ce temps, et en en respectant l'orthographe, une réquisition adressée par l'agent national de *Marigny-la-Montagne* (ci-devant *Marigny-l'Eglise*), au *citoien Regnaudot,* maire de la commune de *Puit-l'Affranchit* (ci-devant *Saint-Martin-du-Puits*) :

LIBERTÉ   ÉGALITÉ

OU LA MORT

« Marigny-la-Montagne, le 20 thermidor, an II
« de la République une et indivisible.

« L'agent national de la municipalité dud.
« Marigny
  « Au citoien maire de la commune de Puit-
« l'Affranchit.

« Voilà les moissons achevée, tu m'a promis à
« cet époque, Et je te le rappel, que tu meteroit
« en réquisition tous les citoiens qui sont dans
« l'usage de charoyer les bois de moûle sur les
« ports et même tous ceux à qui ce genre de
« travail ne pouroit être d'un grand préjudice à
« la culture et particuliérement pour charoier
« ceux du perroux et voisins qui sont situés dans
« ta commune et exploités depuis plus de six
« mois, la circonstance presse vû la grande con-
« sommation qui se fait dans la commune de
« *paris* pour les ateliers de salpêtre et fonderie,
« si nécessaire à la déstruction des ennemis de la
« République.

« L'Agent de la commission du commerce et
« approvisionnement de la République en bois et
« charbon, à dû comme à nous, te faire passer
« un requisitoir à ce sujet, ainsy plus de délais, il
« est temps.

« Je pense que tu n'ignore pas l'article 3 de
« l'arrêté du commité de Salut public du 18 Prai-
« rial dernier, qui porte : ceux des citoiens requis
« qui se refuseroient d'obtemperer à la requisition,
« seront poursuivis comme ceux qui feroient une
« coalition criminelle contre les subsistances du
« peuple.

                    « Salut et fraternité,

                        « Bussy, ag[t] n[l]. »

A la chute du premier empire, notre coin de
Morvand eut à souffrir de l'invasion : les troupes
alliées occupèrent pendant un certain temps une
partie du canton de Lormes.

Lors de la dernière guerre de 1870-71, notre
contrée fut moins éprouvée. Les troupes alle-
mandes vinrent jusqu'à nos portes : elles bom-
bardèrent et pillèrent Avallon ; mais, soit que
notre territoire n'ait pas été considéré par elles
comme nécessaire à leurs opérations d'investisse-

ment, soit, comme on l'a prétendu, que l'aspect
de notre Morvand, avec ses défilés, ses cours d'eau,
ses gorges et ses immenses forêts sombres, leur
ait inspiré une certaine appréhension, il n'en est
pas moins vrai que notre pays n'eût pas à subir
l'humiliation d'un nouvel envahissement.

Cliché Desvignes.

Pl. 12 — L'Hospice de LORMES

LORMES

dans les Temps Modernes

Lormes aujourd'hui est une jolie petite ville qui, depuis quelques années, commence à recevoir la visite des touristes en quête d'air pur et de sites pittoresques. Pas un voyageur ne quitte Lormes sans avoir gravi la montagne de l'Eglise, pour admirer le superbe coup-d'œil dont on jouit du cimetière. A l'Est et au Sud-Est, la chaîne des monts du Morvand se découpe noire et sombre sur l'horizon, pendant qu'au Sud le regard s'étend à perte de vue sur la plaine du Nivernais.

M. le docteur Bailly, professeur agrégé à la Faculté de médecine de Paris, qui, à plusieurs reprises, visita notre coin de Morvand, ne pouvait se lasser d'admirer ce site. « Cette plaine calcaire,

5

12° Prise de Sébastopol ;

13° Rétablissement de la statue de Napoléon Ier sur la colonne de la Grande-Armée.

En 1897, la foudre tomba sur le clocher : deux des corniches furent brisées et jetées en bas. Ces dégâts, assez importants, furent réparés l'année même.

Le presbytère, situé à côté de l'église, a été bâti en 1853. Bien que n'ayant coûté que 22.000 fr. à la commune, il passe pour un des plus beaux et des plus confortables du département.

Le cimetière, qui est toujours très bien tenu, fut établi en 1839 et agrandi en 1866.

En face de l'hospice, sur l'emplacement appelé autrefois l'*Ormerie* ou *place des Ormeaux*, de jolies promenades ont été créées en 1832. Plantées de tilleuls, elles sont très bien entretenues : des deux côtés, des murs à hauteur d'appui, recouverts de tablettes en granit, les séparent du champ de foire placé au centre.

Sur la place publique, là où s'élevait jadis l'ancienne halle, on remarque aujourd'hui l'*Hôtel de Ville*, construit en 1839. C'est un bâtiment de style Renaissance avec fronton, appartenant à

Pl. 13 — Le Château de Bazoches

l'ordre ionique : il a coûté 28.816 francs à la
commune. En 1840, on y transporta la vieille
horloge publique qui se trouvait autrefois au
sommet de la porte Saint-Alban, à côté de l'endroit
réservé au guetteur de nuit. Le petit clocher qui
a été construit au sommet pour la loger, donne
à l'ensemble de la construction une certaine
légèreté. Le tribunal de la justice de paix, est
installé au rez-de-chaussée. Au premier étage,
dans la grande salle du Conseil, se trouve un
portrait en pied du maréchal Vauban, qui fut
offert à la ville de Lormes par l'Etat, en 1843.

Au pied de la montagne de l'église, à l'aspect
du sud-est, se découvre la gorge de *Narvau*, au
sommet de laquelle le ruisseau du *Goulot*, après
sa traversée de la ville, vient former une chute
connue dans le pays sous le nom de « *la Cascade* ».
Certes, cette appellation peut sembler ambitieuse,
si on la compare aux cascades du Niagara ou du
Giesbach, car la cascade de Narvau est minuscule,
mais elle est jolie quand même ; c'est plutôt une
suite ininterrompue de charmantes cascatelles que
le Goulot forme depuis son entrée dans la gorge,
jusqu'à sa sortie dans les prés de *Vaurin*. Ce petit
ruisseau fait l'important : il écume, il bondit de

5.

rochers en rochers et fait un vacarme de tous les
diables ; il enfle et gonfle sa voix ; comme un gamin
qui joue au soldat, il joue au torrent. Ses bords
sont d'une ravissante sauvagerie et rappellent les
plus charmants sites de la Suisse. Les deux côtés
de la gorge qui, de prime abord, semblent inacces-
sibles, sont sillonnés de petits chemins, véritables
sentiers de chèvres, qui permettent au touriste
de les parcourir en tous sens.

A l'époque des frondaisons nouvelles, rien n'est
aussi joli, aussi vivant, aussi fréquenté que ce lieu
qui, vu de la montagne de l'église, semble sauvage et désert ; les ramiers et les tourterelles
roucoulent en haut dans les branches, pendant
qu'en bas, dans les buissons de houx et dans les
touffes de genévriers, les merles sifflent et les
rossignols chantent ; — les gamins, amis de l'école
buissonnière, y vagabondent à la recherche des
nids, et, si souvent, au désespoir des parents, ils
rapportent de ces excursions à l'air pur, des mains
sales et des vêtements déchirés, en revanche, ils
en reviennent avec des yeux brillants, des joues
roses, de véritables provisions de santé, et des
appétits de jeunes loups ; — les jeunes filles s'y
rendent en bandes pour y cueillir les silènes

rouges et blancs, et les jacinthes sauvages dont
l'odeur parfumée embaume les sous bois et qui
y fleurissent en telle quantité que, par endroits,
on pourrait croire le sol recouvert d'un immense
tapis bleu. — C'est le lieu de rendez-vous des
amoureux ; et il a pu parfois arriver au promeneur
égaré aux alentours de la *Grotte des Fées*, en
contournant un rocher, en frôlant un buisson,
d'entendre de vagues murmures, des sons étranges, ressemblant à s'y méprendre, à des bruits de
baisers.

A la fin de l'année 1897, une société locale se
constitua à Lormes, en vue d'y installer l'éclai-
rage électrique et utilisa cette chute. Une digue
fut construite au sommet de la cascade afin d'em-
magasiner l'eau suffisante à la production de la
force nécessaire pendant les mois de sécheresse, et
au fond de la gorge, à 400 mètres plus bas environ, un pavillon fut construit pour recevoir la
turbine et la machine-dynamo. Cette entreprise
fut couronnée de succès ; et depuis lors, les environs de la cascade sont devenus, plus que jamais,
la promenade favorite des habitants.

A la sortie du bois, le ruisseau du *Goulot*
traverse les prés de *Vaurin*, et un peu plus loin

entre sur le sol calcaire. Mais alors son aspect
change : il coule en léchant paisiblement ses rives
comme le premier ruisseau venu ; ses eaux de-
viennent jaunâtres ; on croirait qu'en quittant le
sol granitique il a perdu sa limpidité, sa pétulance
et sa gaieté. L'aspect pittoresque du pays disparait
également. Il semble que dans cette gorge de
Narvau, Dame Nature ait voulu se mettre en frais
de coquetterie et flirter une dernière fois avec
notre beau Morvand avant de le quitter.

Pl. 14. — La Tour de Vauban à Epiry

L'HOSPICE DE LORMES[1]

Il n'existe dans les archives de la mairie aucun
acte de fondation concernant l'hospice primitif de
Lormes. On suppose que cet hôpital remontait à
une époque reculée et avait été fondé vers l'an
1200 par les anciens seigneurs du pays. Le titre le
plus ancien qui ait été découvert est un aveu et
dénombrement, daté du 23 juin 1681, donné par
maître Claude de Champfleur, bachelier en droit-
canon, prêtre et recteur de l'hôpital Saint-Jacques
de la ville de Lormes, à très hautes et illustres
princesses, Madame Marie de Bourbon, princesse
du sang, et Madame Marie d'Orléans, duchesse
de Nemours, comtesses de Châtel-Chinon, dames
dudit Lormes, à la part dudit Châtel-Chinon, et

(1) Archives de la mairie de Lormes.

patronnes dudit hôpital, dont elles ont pourvu
ledit Claude de Champfleur ; duquel hôpital, terres, revenus, cens et rentes, la déclaration s'en
suit :

1º La chapelle de Saint-Jacques et la chambre
où demeure l'hospitalière et où logent les pauvres,
sise au faubourg dudit Lormes, tenant ensemble .
du côté du midi au grand chemin tendant dudit
Lormes audit Châtel-Chinon, du côté du septentrion
aux jardin et ouches dudit hôpital, du levant au
chemin tendant d'icelui hôpital audit Lormes, et
du couchant aux ouches ;

Plus ledit jardin de la contenance d'un boisseau
environ avec l'ouche y attenant, aussi de la semence de deux boisseaux ou environ, tenant du
levant à l'ouche et aisances de la maison de Jean
Magdelénat, du couchant et septentrion aux
aisances et cours de la *Grange Gironde*, et du midi
à la terre de feu Jean Charneau ;

2º *Item*. — Une petite ouche de la semence de
un demi-boisseau, tenant du midi à ladite ouche
desdits héritiers Charneau, et de toutes autres
parts audit hopital, maison et grand chemin tendant de Lormes au-dit Châtel-Chinon ;

3º *Item*. — Un enclos sis au finage dudit Lor-

mes, appelé *pré et terre de l'hôpital,* consistant en
pré de la Seulle de quatre chariots de foin environ
et en terre de la semence de six boisseaux d'ouches
ou environ, et en terre sauvage de la semence de
trois boisseaux et demi ou environ, tenant le tout
du côté du levant à l'*Etang de la Ville,* et du septentrion audit grand chemin tendant de Lormes
audit Châtel-Chinon ;

4° *Item.* — Deux pièces de terre et pré sis au
finage de *Préfontaine,* paroisse dudit Lormes, appe-
lées les *Milleries,* séparées par le grand chemin
tendant de *Sommée au Moulin du Bois ;* lesdites
terres de la semence de quatre boisselées ou environ, si elles étaient en nature, et en pré, environ
une charre, si elle était en nature, tenant du midi
aux usages dudit Lormes et au bois du seigneur de
Lormes-Châlons, et du couchant au grand chemin
dudit Lormes à Ouroux ;

5° *Item.* — Une vigne sise au vignoble de *Pouques,* de l'œuvre de huit hommes ou environ, appelée *la vigne de l'hôpital...*

6° *Item.* — Est dû audit hôpital deux sous six
deniers de rente et six deniers de cens sur une
maison et étable y attenant, un petit jardin derrière ;

7° *Item*. — Cinq sous de cens et rentes dûs sur le pré des *pouées* sis au finage de Lormes.

8° *Item*. — Le dit sieur de Champfleur a déclaré qu'il prend à cause du dit hôpital sur les moulins banaux de la ville de Lormes la quantité de 32 boisseaux de froment à la mesure dudit Lormes, sans qu'il y ait aucun titre, sinon la possession tant de son chef que de ses prédécesseurs ;

9° plus 32 boisseaux de seigle à la mesure de Corbigny ou 24 boisseaux de froment à la même mesure au choix du recteur dudit hôpital, sur la dîme de Charpuis, paroisse d'Anthien, par préciput ;

10° plus sur la dîme de Loppin, paroisse de Lormes, aussi par préciput, par chacun an, trois minées consistant en 12 boisseaux de seigle et 18 d'avoine, mesure dudit Lormes, rendues et conduites audit Lormes, chez ledit recteur ;

11° plus la dîme de Préfontaine, paroisse dudit Lormes, à prendre à une borne appelée la borne du *Cloiseau Bargeot*, suivant les délimitations des terrains assujettis à cette dîme ;

12° plus la dîme de Vaurin, en la paroisse de Lormes, à prendre à une borne proche le ruisseau du bois de Narvau ;

13ⁿ plus la dîme du tour de la ville de Lormes, à prendre depuis l'écurie de la maison dudit maître Magdelenat... ;

Qui est tout ce que ledit sieur de Champfleur a affirmé savoir appartenir au recteur dudit hôpital, et dont de tout ce que dessus il m'a requis acte que je lui ai octroyé pour lui servir et valoir en temps et lieu ainsi que de raison, cejourd'hui 23 du mois de juin 1681, au lieu de la ville de Lormes, généralité de Moulins, avant midi, par devant moi Pierre Bussy, notaire royal, résidant audit Lormes et signé, et suit la signature de deux témoins et celle de Claude de Champfleur.

Le présent aveu et dénombrement a été collationné le 22 vendémiaire an 4, par Mᵉ Desmolins, notaire public à Lormes, et enregistré le même jour.

L'hôpital de Lormes possédait encore le pré appelé le *pré de la Bolotte* ou de *la Volotte*, situé commune de Lormes, au-dessous du bois de Narvau, qui dépendait de la baronnie ou seigneurie de Lormes-Châlons.

Les cens et rentes désignés sous le nº 6 ont été ou supprimés ou remboursés pendant la Révolution. Le montant des remboursements a été de *huit cents francs*, d'après la relation qui en a été faite

6

dans une pétition de la Commission administrative adressée au Conseil Municipal en 1798.

Les dîmes indiquées sous les nᵒˢ 9, 10, 11, 12 et 13 ont été supprimées.

Le produit de ces dîmes aurait été de 500 fr., d'après l'évaluation qui en a été faite dans une pétition de la Commission administrative de l'hospice adressée au Gouvernement à la date du 10 mai 1801.

Les ouches désignées sous les articles 1 et 2 et les deux pièces de terre désignées sous le nᵒ 4 ont été vendues le 15 prairial an 3 (5 novembre 1794) par l'Administration du district et le prix en a été versé à la Caisse nationale.

L'enclos appelé *pré et terre de l'hôpital* a également été vendu, mais faute de paiement par les acquéreurs des 6/7 de cet immeuble, ils ont été déclarés déchus, et ces 6/7 ont été rendus à l'hospice, qui, plus tard et par acquisition du 28 prairial an 9 (18 juin 1801), est devenu propriétaire du 7ᵉ dont l'acquéreur n'avait pas été déclaré déchu.

Le pré de la *Volotte* ou *Bolotte* a également été vendu le 15 prairial an 3, par l'administration du district et le prix versé dans la Caisse Nationale.

L'hôpital est encore propriétaire d'une rente de

32 boisseaux de froment, assise sur les moulins banaux de Lormes, dont le titre de concession ne se trouve pas aux archives; mais cette rente a été reconnue en 1802, par le fondé de pouvoirs de M. Lelièvre de Lagrange, propriétaire des moulins banaux et ci-devant seigneur de Lormes. Cette reconnaissance a eu lieu par devant M. Houdaille, notaire à Lormes.

Il résulte d'une délibération du Conseil municipal, en date du 20 vendémiaire an 11 (20 octobre 1802), qu'avant la Révolution, l'hôpital avait pour revenu :

1 Fermages des prés et terres de la maison Dieu	203 fr.	»»
2 Fermage de l'ouche de l'hôpital.	10	»»
3 Fermage du pré de la Bolotte .	150	»»
4 Fermage de la vigne de Pouques..	30	»»
5 Produit des dîmes.	412	»»
6 Produit d'une rente foncière sur un pré. . . . . :	15	»»
7 Rentes sur particuliers	38	80
8 Rentes sur les moulins	144	»»
Total. . . .	1002	80

Après la Révolution, à la suite des ventes pré-
citées du 15 prairial an 3 et de la suppression
des dîmes, ce revenu se trouva réduit à *trois cent
cinquante et un francs*, savoir :

1 Rentes sur les moulins	144 fr.	» »
2 Produit d'une rente foncière sur un pré	15	» »
3 Fermage de la vigne	18	» »
4 Fermage des 6/7 du pré de la maison Dieu	174	» »
Total	351	» »

Faute d'entretien, les bâtiments de l'hôpital
tombaient en ruines, et leur état de délabrement
fut constaté par procès-verbal du 6 avril 1806.

Le Conseil municipal, dans une délibération
du 20 octobre 1802 avait d'ailleurs déclaré que
ces bâtiments n'étaient plus susceptibles d'être
réparés ; aussi les bois de charpentes et les plan-
chers furent vendus le 27 mars 1807 moyennant
cent douze francs. — Le 7 mars 1812, les murs en
furent démolis et les pierres furent abandonnées
en paiement des frais de démolition. Enfin, le
26 avril 1826, l'adjudication de l'emplacement
du bâtiment et du petit jardin eut lieu devant

Pl. 16. — L'Eglise de Dun-les-Places

Mᵉ Morio, notaire à Lormes, moyennant le prix
de *deux mille trente francs*, qui fut, ainsi que l'avait
été celui des matériaux, versé dans la caisse de
l'hôpital.

Il n'y avait plus de bâtiments, et par suite plus
d'hôpital. Le conseil municipal s'émut de cette
situation, et, par délibération du 26 juin 1824,
décida de faire abandon, pour le transformer en
établissement hospitalier, du bâtiment qu'il avait
acquis en 1810 de M. Agathe Gudin, pour y placer la gendarmerie. Ce bâtiment, qui avait coûté
à cette époque *dix-huit mille francs* à la commune,
fut cédé par elle à l'hôpital moyennant *cinq mille
francs* seulement, sous réserve de quelques parties
de terrain. Le 12 avril 1826, le conseil municipal
revenant sur sa délibération du 26 juin 1824,
renonça tant au prix de cinq mille francs qu'il
avait fixé pour cet abandon qu'aux parties de terrain réservées.

Jusqu'en 1834, les revenus de l'hospice furent
capitalisés ; seulement, il était fait annuellement
un prélèvement plus ou moins considérable, selon
les circonstances, et dont la distribution aux indi-
gents avait lieu à domicile par les soins de dames de
charité choisies par la commission administrative.

6.

· D'après le compte-rendu fait à la commission administrative le 14 juin 1834, le revenu de l'hôpital était, en 1833, de 1,418 francs, savoir :

1 Deux inscriptions de rentes sur l'Etat, la 1re, n° 207, produisant. . .	229 fr. »»
la 2e, n° 274, produisant	653 »»
2 Le fermage de l'héritage de la maison Dieu.	260 »»
3 Le fermage de la vigne de Pouques	16 »»
4 La rente de blé sur les moulins	260 »»
Total. . . .	1418 »»

Pour augmenter les ressources de l'hôpital, par une délibération du 18 mars 1833, la commission administrative sollicita l'autorisation de vendre l'héritage de la maison Dieu et la vigne de Pouques, dont le prix, à son avis, devait produire un intérêt plus élevé que le prix provenant des fermages. L'adjudication fut autorisée et eut lieu le 10 mars 1834, en plusieurs lots, dont les prix réunis s'élevèrent à *treize mille deux cent trente francs.*

Par sa délibération précitée du 12 avril 1826,

le conseil municipal avait exprimé le vœu de fonder dans les bâtiments dont la commune faisait l'abandon gratuit un hôpital destiné au soulagement des pauvres malades et de créer dans le même établissement une école pour l'instruction des filles.

Pour réaliser ce vœu, les ressources de l'hôpital étaient trop restreintes ; aussi le Maire de Lormes fit un appel à la générosité des personnes charitables qui, soit en mobilier, soit en argent, concoururent à procurer le matériel indispensable : le produit de ces souscriptions s'éleva à *deux mille six cent douze francs cinquante centimes.*

Le 13 septembre 1833, l'autorisation fut donnée à trois sœurs de la Charité de Nevers, de venir diriger cet établissement ; leur installation eut lieu à la fin de décembre de la même année. Une convention en date du 11 août 1833, modifiée les 14 janvier 1834 et 22 février 1837, fut établie entre la Commission administrative et la Supérieure générale des sœurs de la Charité, déterminant dans quelles conditions cette école devrait être tenue.

Dès 1836, la nécessité de donner plus d'ex-

tension à cet établissement se fit sentir. Aussi par
délibération du 25 mai 1837, la commission décida
d'affecter une somme de 7.947 francs à la construction d'un nouveau bâtiment à ajouter à l'ancien, en regard du faubourg Saint-Alban. Cette
construction fut élevée l'année suivante.

Les ressources ayant augmenté, une chapelle
fut édifiée en 1842. Cette chapelle fut agrandie en
1852, au moyen d'une loterie et d'un don anony-
me. Ces travaux d'agrandissement s'élevèrent à
6.624 francs. Peu d'années après, le 26 avril 1846,
la commission affecta une nouvelle somme de
9.335 francs à la construction d'une aile en arrière
de la chapelle et en retour sur le jardin.

En 1863-1864, une autre aile à l'est, parallèle à
la précédente, fut élevée, *aux frais de la Commune*
sur le terrain de l'hôpital, pour y installer une
salle d'asile au rez-de-chaussée et des malades au
premier étage. En 1873, cette construction qui
avait coûté 16.000 francs à la Commune, fut cédée
par elle à l'hôpital moyennant 5,000 francs, à
condition que la salle d'asile resterait à perpétuité
dans ce bâtiment et que l'hôpital fournirait également à perpétuité un logement pour la directrice
de l'école. Il était dit dans l'acte de cession qu'au

Pl. 17 — La Chartreuse du Val-St-Georges, avant la Révolution

cas où la salle d'asile n'y resterait pas, par suite
d'une décision de l'autorité supérieure, l'hôpital
rembourserait à la Commune 11.000 francs, indé-
pendamment des 5.000 francs déjà versés. En
1885, le déplacement de la salle d'asile ayant été
décidé, l'établissement hospitalier remboursa à la
Commune cette somme de 11.000 francs et devint
propriétaire de cette construction qui fut transfor-
mée, en 1888, en une vaste salle de malades, où
quinze nouveaux lits furent installés. Cette salle a
seize mètres de longueur sur huit mètres de largeur;
elle est parquetée sur lambourdes à cinquante
centimètres du sol, et est éclairée à l'est par de
grandes fenêtres. A l'extrémité sud, se trouve une
salle d'opérations de 4 m. 50 de longueur sur
4 m. 50 de largeur et 4 m. de hauteur.

En face de l'entrée principale de la salle des
malades, a été aménagé un petit pavillon devant
servir de salle de dépôt mortuaire; il est séparé de
l'hospice par une cour de dix mètres plantée
d'arbres et d'arbustes pour le soustraire à la vue
des hospitalisés.

De nombreux dons et legs furent faits à cet
établissement, à différentes époques, par des personnes généreuses, savoir :

Par M. Baumier Pierre Lazare, de 600 fr. « en faveur de l'hospice ». (Testament Houdaille, notaire à Lormes, du 20 mai 1808); — par Melle Béthe-non, de 431 fr. (Acte du 22 décembre 1824); — par M. le duc d'Orléans, de 150 fr., en 1828; — par M. Dupin aîné, de 50 fr., en 1828; — par M. Méreau, curé de Lormes, de 5.000 fr. « pour fondation d'un lit pour y placer alternativement les malades de Lormes, Marigny-l'Eglise et Saint-Martin-du-Puy. » (Acte Houdaille du 31 mai 1828); — par M. le ministre de l'Intérieur, de 500 fr., le 30 août 1836; — par le Conseil muni-cipal de Lormes, de 1.500 fr., le 4 mars 1837; — par M. le Ministre de l'Intérieur, de 500 fr. en 1837; par Mme Mathé Emélie, 2.500 fr., somme qui fut réduite à 2.287 fr. 50, par jugement du 31 juillet 1840 « pour douze grandes messes et pour recevoir un malade »; (Testament du 2 avril 1838); — par Mme veuve Javelot, née Dorlet, de 600 fr., à « charge de faire emploi de cette somme en achat de rentes »; (testament du 15 février 1839); — par Melle Millereau, Anne-Amédée, de 12.000 fr., « pour fondation de deux lits : l'un pour un ma-lade, un infirme ou un vieillard impotent pour la commune de Pouques (6.000 fr.); l'autre pour même cause, pour la commune d'Empury (6.000 fr.) » ; (testament reçu Houdaille, notaire à Avallon, le 19 mai 1846) ; — par M. Barouin de 1.000 fr. en 1848 ; — par M. Chartron, François-Sébastien, de 500 fr., « pour une messe chaque année à perpétuité » (acte Bazenet, notaire à Lormes, du 19 février 1862) ; — par Mme Balivet, née Heulhard, de 4.000 fr. « pour le soulagement des pauvres qui seront admis à Lormes » (donation verbale du 15 septembre 1852, exécutée par les héritiers) ; — par Mme la supérieure de l'Hospice, de 2.523 fr., produit d'une loterie, employés à reconstruire la chapelle ; — par M. Heulhard de Montigny, de 2.000 fr., « pour la fondation d'un lit pour les malades ou pour tout autre emploi qui sera jugé plus urgent » (testament olographe du 16 mars 1862) ; — par Mlle Chartron, de 500 fr., « pour une messe chaque année, à perpétuité » ; (acte Bazenet, du 9 mars 1863) ; — par Mme Julien Elisabeth-Marie-Claudine, de 200 fr. (testament reçu Tardy, notaire à Lormes, le 14 novembre 1866) ; — par les héritiers Balivet, de 6.000 fr., « pour deux messes par an, à perpétuité » (acte Tardy, du 18 mars 1869) ; — par Mme Veuve Lemoine, née Voidier, de 7.194 fr. 40

(acte du 3 juillet 1876), somme réduite à 5.840 fr.,
aux termes d'une liquidation dressée par Me Ma-
dre, notaire à Paris ; — par Mlle Adélaïde de
Grandpré, de 12.000 fr., payables deux ans après
son décès, francs de toutes charges, 1.000 fr. à la
chapelle de l'hospice (testament olographe du 12
avril 1879).

Acuellement, tous les bâtiments, autres que
ceux affectés à l'hospice avec le matériel et la
literie du pensionnat, sont loués d'une part à la
Congrégation des Sœurs de la Charité de Nevers,
moyennant *quinze cents francs* par an ; et d'autre
part, la Congrégation touche de l'hospice pour la
tenue de l'établissement hospitalier pareille somme de *quinze cents francs*, qui se compense avec la
première.

Au 1er janvier 1898, la superficie totale occupée
par les bâtiments, jardins, dépendances de l'établissement était de 44 ares 50 centiares. L'ensemble
des bâtiments de l'hospice a la forme d'un H dont
la base est au midi sur la voie publique et en face
d'une vaste promenade plantée d'arbres. L'aile
droite est occupée par la grande salle de malades
installée en 1888 au rez-de-chaussée et par les salles de malades au 1er étage.

La grande façade de cette aile est à l'Est et n'est masquée par aucune construction ; le petit côté nord donne sur le jardin qui est limité par la campagne.

Le côté Ouest a vue sur les cours des écoles.

Le rez-de-chaussée de l'aile gauche renferme une chapelle s'ouvrant sur la voie publique au sud, le réfectoire du pensionnat et deux salles de classe. Le premier étage est affecté à des classes.

Le rez-de-chaussée du bâtiment qui relie les deux ailes est occupé par une grande salle de classe adossée à l'hospice, par la cuisine et différentes pièces à l'usage de la congrégation.

Le premier étage de ce bâtiment est occupé en entier par les dortoirs du pensionnat et des sœurs.

Le prix de la journée est de *un franc cinquante centimes* pour les hospitalisés payants.

Depuis la loi du 15 juillet 1893, sur l'assistance médicale, l'hôpital de Lormes est désigné pour recevoir les malades de toutes les communes du canton de Lormes, ceux des communes de Gâcogne, Mhère, Vauclaix (canton de Corbigny), de Neuffontaines, Nuars, Saint-Aubin-des-Chaumes, Saisy (canton de Tannay), et de Saint-Agnan (canton de Montsauche).

COMMUNES ET HAMEAUX

Sol, Statistique, Etat-Civil

Le canton de Lormes occupe une superficie de 29.603 hectares 30 ares, dont plus de 11.000 hectares sont couverts de bois. Il se compose de dix communes, y compris la commune chef-lieu : Lormes, Bazoches, Brassy, Chalaux, Dun-les-Places, Empury, Marigny-l'Eglise, Pouques, Saint-André et Saint-Martin-du-Puy ; mais, comme dans tous les pays de montagnes, ces communes se subdivisent en un nombre considérable de hameaux ou habitations isolées :

Hameaux de Lormes (outre la ville et ses faubourgs): la Justice, la Grange Renault, la Grange Billon, Grandpré, l'Ecorchien, Loppin, Charrières, Luxery, la Villaine, Joué, Boussegré, les Aubues, la Vallée, le Triou, le Moulinot, le Fresne, Chevigny, Marné, Vaurin, la Bussière, le Champ du

Clou, l'huis Morin, Sommée, Sonne, Cuzy, Plan-
voy, l'huis Nolin, Ponty, l'Etang Paul, Fréfontai-
ne, le Moulin du Bois, le Foulon, le Villard, les
Fosses, les Bruyères, Richâteau, les Grandes Mé-
loises, les Mouilles.

Hameaux de Bazoches : Bazoches, Bourg Bassot,
Montjoumé, Cœugne, Champignolles-le-haut,
Champignolles-le-bas, Armance, Vauban, le Moulin Verrot, le Moulin de Serre, la ferme Rousseau,
l'huis Guenin-Renault, la ferme de Vassy, le château de Bazoches.

Hameaux de Brassy : Brassy, les Menères, la
Croix vieille, le Crot, l'huis Carré, l'huis Duboux,
Bogniard, Bonnetré, l'huis Dumée, Lavaux, le
Creusart, l'huis Valtois, l'huis Bouché, Chambrias,
Vaucorniot, l'huis Naudin, Montour, l'huis des
Brosses, le moulin de Montour, l'huis Truchot,
Montchelnot, Vieilfou, le Breuil, Velotte, l'huis
Bonardin (ces quatre derniers hameaux formant
le village de *La Montée*), Bonin, Brassiot, Gou-
vault, Razout, les Chaîses, Meulois, l'huis Guyol-
lot, Magnémont, l'huis Parthiot, Rivières, le
Champ du Moulin, le Moulin Talard, le Vivier,
Brizon, l'huis Renault, l'huis Blondot, l'huis
Blin, Vossegrois, la Gravelle, Porcmignon, la

Chaume aux Veaux, Prélard, Verneriou, le Mont, la Vendue, les Fossottes, le Pont, l'huis Pilavoine, l'huis Gadré.

Hameaux de Chalaux : Chalaux, le Meix, le Pont, l'huis Barat, Couan, les Goths.

Hameaux de Dun-les-Places. Les Places, l'huis Meunier, l'huis Laurent, les Maires (qui jusqu'en 1825 dépendirent de la commune de Quarré-les-Tombes), l'huis Châtelain, Bornoux, Mézoc de Froid, Mézaugueux, Mézauguichard, l'huis Bonin, Bonaré, le Parc, les Bourdiaux, la Vernoie, l'huis Tripier, le Vieux Dun, le moulin des Bruyères, Vermot, le moulin Tripier, Breuil, l'huis des Râpes, le moulin de Saloué, le Montal, le champ de l'Etang, l'huis Gillot, la Croix Maurienne, l'huis des Chênes, les Cachaux, le moulin du Plateau, le moulin du Railly, le moulin des Guittes.

Hameaux d'Empury. Empury, Breugny, Chaumois, Neufchaises, la Brosse, l'huis Bonin, le gué Renard, l'huis Bouillard, la Chapelle, le moulin de Mein, le moulin Jamé, Charrières.

Hameaux de Marigny-l'Eglise : Marigny-l'Eglise, Lauret, l'huis Barjeot, Queuzon, l'huis Bobin, le Mont, Marigny-la-Ville, Courotte, la Verdière, la Tronçois, Crottefou, Mazinien, Montgaudier,

Pl. 19 — Vue de Saint-André

la Chaume aux Renards, la Brosse, la Chaume de l'huis Bobin.

Hameaux de Pouques : Pouques, Vassy, la Guitte, Luxery, Montigny, Pouques-le-Vieux, l'huis Maréchal, l'huis Baudequin, le Val Saint-Georges, la Villaine, la Bourie, le fourneau des Aubues, l'huis Tardy, la Croix.

Hameaux de Saint-André : Saint-André, Urbigny, le Moutat, Meulot, Athée, Serée, Villurbin, Narbois, Fontaine-Vieille, Verdot, la Grange Loiselot, la Nesle, Ouches, le Moulin de Saint-André, le Morlin, la Belle Verne, la ferme de Serée.

Hameaux de Saint-Martin-du-Puy : Saint-Martin-le-Haut, Saint-Martin-le-Bas, Plainefas, Vézigneux, Fourlot, Montcrecon, la Vernhée, Berges, les Bougaults, Rouy, le Pérou, Seneux, Jourland, les Granges, Rincieux.

Le sol du canton de Lormes est granitique et la roche dominante est un granit à cristallisation imparfaite, sauf dans les communes de Bazoches et de Pouques qui se trouvent à la limite ouest du massif du Morvand. Dans ces deux communes dominent le micaschiste et les roches à structure schistoïde, et le lias y occupe le fond de la vallée. — Il y a une quarantaine d'années, les terres du

7.

canton de Lormes produisant du blé étaient rares ;
On n'en récoltait guère que dans les *ouches* attenant aux habitations. Beaucoup de terrains res-
taient incultes, envahis par les genêts et les
bruyères. Peu à peu, l'exemple donné par quelques
propriétaires intelligents fut suivi : les défriche-
ments se multiplièrent, la culture nouvelle avec
emploi de la chaux, des phosphates, des engrais
chimiques, finit par être adoptée et fit merveille
dans ces terrains neufs. On récolte aujourd'hui
des blés superbes là où on ne récoltait jadis que
du seigle ou du sarrasin. Sur les territoires de
Bazoches et de Pouques, la vigne est cultivée avec
succès et produit un petit vin assez agréable. En
exécution de la loi du 9 août 1879, il fut dressé,
en 1884, par les soins de l'administration des
contributions directes, un travail de statistique
établissant, d'après les baux en cours, la valeur
moyenne, en capital et en revenu, des diverses
natures de terrain, sur chaque commune. Ces
évaluations, dont le détail se trouve ci-après, n'ont
pas sensiblement varié depuis cette époque, sauf
celles concernant les bois qui, par suite de la
dépréciation des produits forestiers, doivent être
abaissées d'au moins moitié.

LORMES

NATURE DES TERRAINS	CONTENANCE actuelle	REVENU cadastral afférent à la contenance actuelle	REVENU NET imposable — Prix moyen par hectare	VALEUR vénale — Prix moyen par hectare
Chenevières				
Jardins	50	726	150 fr.	8.000 fr.
Vergers				
Terres labourables				
Pièces d'eau	2.093	13.245	30 —	1.200 —
Plantations				
Prés	651	7.483	100 —	3.200 —
Vignes	5	57	50 —	1.500 —
Bois	2.195	21.336	30 —	900 —
Terres vagues	26	151	50 —	1.500 —
Autres cultures	33	509	40 —	1.500 —

BAZOCHES

NATURE DES TERRAINS	CONTENANCE actuelle	REVENU cadastral afférent à la contenance actuelle	REVENU NET imposable — Prix moyen par hectare	VALEUR vénale — Prix moyen par hectare
Chenevières	28	516	80 fr.	4.000 fr.
Jardins				
Vergers				
Terres labourables .	579	5.110	35	1.400 —
Pièces d'eau . . .				
Plantation				
Prés	188	3.805	30	2.500 —
Vignes	26	293	35	1.400 —
Bois	595	6.402	35	1.000 —
Terres vagues . . .	10	16	10	500 —
Autres cultures . .	1	8	40	1.200 —

BRASSY

NATURE DES TERRAINS	CONTENANCE actuelle	REVENU cadastral afférent à la contenance actuelle	REVENU NET imposable — Prix moyen par hectare	VALEUR vénale — Prix moyen par hectare
Chenevières				
Jardins	57	1.744	60 fr.	3.000 fr.
Vergers				
Terres labourables				
Pièces d'eau	2.074	11.343	20 —	1.000 —
Plantations				
Prés	852	11.137	55 —	1.800 —
Vignes	»	»	»	»
Bois	2.120	21.907	30 —	900 —
Terres vagues	294	175	8 —	400 —
Autres cultures	24	320	30 —	1.000 —

CHALAUX

NATURE DES TERRAINS	CONTENANCE actuelle	REVENU cadastral afférent à la contenance actuelle	REVENU NET imposable — Prix moyen par hectare	VALEUR vénale — Prix moyen par hectare
Chenevières	9	163	60 fr.	3.000 fr.
Jardins.				
Vergers			35 —	1.400 —
Terres labourables. . .	346	2.715		
Pièces d'eau			80 —	2.600 —
Plantations	106	2.617		
Prés	»	»	»	»
Vignes.	523	10.616	40 —	1.200 —
Bois	9	11	2 —	100 —
Terres vagues	»	»	»	»
Autres cultures				

DUN-LES-PLACES

NATURE DES TERRAINS	CONTENANCE actuelle	REVENU cadastral afférent à la contenance actuelle	REVENU NET imposable — Prix moyen par hectare	VALEUR vénale — Prix moyen par hectare
Chenevières . . . . . . Jardins. . . . . . Vergers	34	526	60 fr.	3.000 fr.
Terres labourables . . . . Pièces d'eau	1.568	6.307	20 —	1.000 —
Plantations	655	6.835	58 —	2.000
Prés	»	»	30 —	»
Vignes.	1.332	9.813	30 —	900 —
Bois	238	486	10 —	500 —
Terres vagues	32	304	36 —	1.200 —
Autres cultures				

EMPURY

NATURE DES TERRAINS	CONTENANCE actuelle	REVENU cadastral afférent à la contenance actuelle	REVENU NET imposable — Prix moyen par hectare	VALEUR vénale — Prix moyen par hectare
Chenevières	10	193	80 fr.	4.000 fr.
Jardins				
Vergers				
Terres labourables . .	609	5.739	35 —	1.400 —
Pièces d'eau				
Plantations				
Prés.	187	3.903	75 —	2.500 —
Vignes.	»	»	»	»
Bois	330	4.801	35 —	1.000 —
Terres vagues . . .	15	24	10 —	500 —
Autres cultures. . .	»	»	»	»

MARIGNY-L'ÉGLISE

NATURE DES TERRAINS	CONTENANCE actuelle	REVENU cadastral afférent à la contenance actuelle	REVENU NET imposable — Prix moyen par hectare	VALEUR vénale — Prix moyen par hectare
Chenevières	36	687	80 fr.	4.000 fr.
Jardins				
Vergers				
Terres labourables	1.780	15.798	35 —	1.400 —
Pièces d'eau				
Plantations	389	9.443	80 —	2.700 —
Prés	»	»	»	»
Vignes	1.544	27.753	35 —	1.000 —
Bois	126	236	10 —	500 —
Terres vagues	5	86	30 —	1.500 —
Autres cultures				

POUQUES-LORMES

NATURE DES TERRAINS	CONTENANCE actuelle	REVENU cadastral afférent à la contenance actuelle	REVENU NET imposable — Prix moyen par hectare	VALEUR vénale — Prix moyen par hectare
Chenevières	28	748	100 fr.	5.000 fr.
Jardins				
Vergers.				
Terres labourables . . .	786	10.309	45 —	1.500 —
Pièces d'eau				
Plantations.				
Prés.	172	5.772	120 —	4.000 —
Vignes	62	1.865	80 —	2.000 —
Bois.	245	3.018	25 —	800 —
Terres vagues	75	647	60 —	1.800 —
Autres cultures. . . .	»	»	»	»

SAINT-ANDRÉ-EN-MORVAN

NATURE DES TERRAINS	CONTENANCE actuelle	REVENU cadastral afférent à la contenance actuelle	REVENU NET imposable — Prix moyen par hectare	VALEUR vénale — Prix moyen par hectare
Chenevières	27	422	80 fr.	4.000 fr.
Jardins				
Vergers				
Terres labourables.	1.200	6.374	30 —	1.300 —
Pièces d'eau				
Plantations	.276	4.662	70 —	2.500 —
Prés				
Vignes	»	»	»	»
Bois.	698	7.186	30 —	1.000 —
Terres vagues	19	23	10 —	500 —
Autres cultures.	1	10	»	»

SAINT-MARTIN-DU-PUY

NATURE DES TERRAINS	CONTENANCE actuelle	REVENU cadastral afférent à la contenance actuelle	REVENU NET imposable — Prix moyen par hectare	VALEUR vénale — Prix moyen par hectare
Chenevières				
Jardins	28	442	100 fr.	4.000 fr.
Vergers				
Terres labourables	1.098	8.199	40 —	1.600 —
Pièces d'eau				
Plantations	391	7.134	80 —	2.600 —
Prés				
Vignes	»	»	»	»
Bois	1.408	20.958	35 —	1.000 —
Terres vagues	51	124	10 —	500 —
Autres cultures	22	332	35 —	1.200 —

Pl. 21. — Le Château de Vézigneux

L'état civil dans chaque commune du canton remonte, savoir : à Lormes à 1620, à Bazoches à 1600, à Brassy à 1669, à Chalaux à 1723, à Dun-les-Places à 1667, à Empury, à 1686, à Marigny-l'Eglise à 1796, à Pouques à 1676, à Saint-André à 1630, à Saint-Martin-du-Puy à 1655.

Toutes les mairies du canton renferment d'assez volumineuses archives, dont le dépouillement fournirait certainement des renseignements intéressants et utiles à l'histoire du pays ; malheureusement, ces archives n'ont pas toujours été conservées en bon état d'entretien ; elles ne sont généralement pas classées, et, par suite, les recherches y sont des plus difficiles.

8.

BAZOCHES

Le Maréchal Vauban

Bazoches dépendait autrefois de l'élection et du grenier à sel de Vézelay : Au xiie siècle, cette paroisse relevait de l'abbaye de *Chore* ou *Cure*, et les dîmes en étaient partagées entre le collateur, le curé et le seigneur. — Saint-Aubin-des-Chaumes, commune appartenant aujourd'hui au canton de Tannay, dépendit de la paroisse de Bazoches, jusqu'en 1841.

Au moment où éclata la Révolution de 1789, Bazoches faisait partie de l'ancienne châtellenie de Monceaux-le-Comte.

C'est dans cette commune que se trouve la terre de *Vauban*, que posséda la famille *Leprestre*, et c'est à cette terre que l'illustre maréchal emprunta le nom sous lequel il est connu dans l'histoire. On peut donc dire que ce grand homme appartient un peu à notre canton.

En 1897, un comité se forma à Bazoches, dans

le but de lui élever un monument. On ne peut
qu'applaudir à cette idée généreuse et que regretter
pour l'honneur de notre canton, qu'elle n'ait pas
été émise plus tôt. Vauban est la plus grande et la
plus pure de nos gloires nationales, et nombreuses
sont les villes qui se sont honorées en le glorifiant,
en donnant son nom à leurs rues ou à leurs places
publiques. La ville d'Avallon fit mieux, elle lui
éleva une statue ; et pourtant, cet honneur ne
revenait à aucun pays autant qu'à la commune de
Bazoches, dans laquelle se trouve le domaine patri-
monial de Vauban, d'où il tira son nom. Ainsi
que l'a rapporté M. le comte Le Pelletier d'Aunay,
représentant la famille, dans le discours qu'il
prononça le 26 octobre 1873, lors de l'inaugura-
tion, à Avallon, de la statue du maréchal, due au
ciseau du sculpteur Bartholdi, « c'est au manoir
de Vauban qu'il revint, à l'âge de 26 ans, avec son
brevet d'ingénieur ordinaire du roi et le grade de
capitaine dans le régiment de M. le maréchal de la
Ferté, pour demander à son cousin-germain, Paul
Le Prestre, seigneur de Vauban, de lui servir de
père lors de son mariage avec Jeanne d'Osnay, fille
du baron d'Epiry ; c'est encore à Vauban qu'il
revint, en 1676 et en 1684, brigadier d'infanterie,

racheter de ses cousins le manoir de ses pères, et
la seigneurie de Bazoches ; c'est à Bazoches,
enfin, que fut conservé son cœur jusqu'au jour où,
par ordre de l'empereur Napoléon Ier, le grand-
père de M. d'Aunay le porta solennellement, le
26 mai 1808, sous le dôme des Invalides, pour être
déposé dans le mausolée qui lui avait été érigé
en face de celui de Turenne. » — M. le comte
d'Aunay aurait pu ajouter que c'était à Bazoches,
et non pas sur la tour d'Epiry, qu'aurait dû être
placée la plaque de marbre que Napoléon Ier y fit
mettre en 1809. Cette plaque porte l'inscription
suivante :

ICI FUT LA DEMEURE DE VAUBAN

IL Y MÉDITA LES TRAVAUX

QUI L'ONT RENDU IMMORTEL

LA FRANCE RECONNOISSANTE

A DÉPOSÉ LE CŒUR DE CE GRAND HOMME

NON LOIN DES RESTES DE TURENNE

SOUS LE DÔME DES INVALIDES

CETTE INSCRIPTION A ÉTÉ PLACÉE PAR ORDRE DE

S. M. NAPOLÉON Ier

EMPEREUR DES FRANÇAIS, ROI D'ITALIE,

PROTECTEUR DE LA CONFÉDÉRATION DU RHIN

H. J. G. CLARKE, COMTE D'HUNEBOURG, ÉTANT

MINISTRE DE LA GUERRE, 1809.

Pl. 22 — Le Château de Chastellux

La terre d'Epiry avait été acquise de la famille
de Bussy par la famille de Jeanne d'Osnay, épouse
du maréchal, mais celui-ci n'avait pas l'habitude de
s'y retirer. C'est au château de Bazoches, au pied
de nos collines morvandelles, qu'il aimait à venir
se délasser de ses travaux de guerre et qu'il médita
Ses oisivetés et sa *Dîme Royale.*

Est-il nécessaire de dire ce que fut et ce que fit
Vauban ! Tout le monde le sait. Sébastien Le
Prestre, fils d'Albain Le Prestre et de dame Edmée
Corminolt, naquit le 14 mai 1633 à Saint-Léger-
de-Fourcheret (Yonne), dans une maison « *couverte
en chaume et consistant en deux chambres assez mal
éclairées,* » située à l'entrée du village, du côté de
Quarré-les-Tombes. — A Saint-Léger, on vous
racontera qu'un beau jour, des officiers du roi,
passant par là, rencontrèrent un petit pâtre qui,
tout en gardant ses moutons, s'amusait à construire
des fortifications de sable qui les émerveillèrent :
ils le prirent avec eux et l'emmenèrent...., et le
petit pâtre devint Vauban. Ceci, c'est la légende.
— La vérité est que, ayant perdu son père à l'âge
de dix ans, il fut recueilli par le curé de Saint-
Léger, qui lui apprit ce qu'il savait. A dix-sept
ans, il partit, à pied, de son village, et s'en alla

trouver un de ses parents, le capitaine d'Arcenay,
qui commandait une compagnie dans l'armée de
Condé, révolté contre l'autorité royale. Fait pri-
sonnier en 1653, il fut gagné par Mazarin qui se
connaissait en hommes : A partir de ce moment,
sa fortune fut rapide. Fontenelle a dit de lui « qu'il
a été le seul homme de guerre pour qui la paix
ait été aussi laborieuse que la guerre même. »
Pendant la guerre, il assiégeait et prenait les places,
pendant la paix, il les fortifiait ou réparait les
fortifications des villes frontières ou conquises. Il
travailla à 300 places, en construisit 33 nouvelles,
dirigea 53 sièges, assista à 140 actions de vigueur.
En 1688, il fut nommé lieutenant-général, donna
l'idée à Louis XIV de créer l'ordre de Saint-Louis
dont il fut le premier grand'croix (1693), fut élu
membre honoraire de l'Académie des Sciences en
1699, fut nommé maréchal en 1703, et reçut le
cordon bleu en 1705.

C'est lui qui inventa l'usage des feux croisés, le
tir à ricochet, les fortifications rasantes, la baïon-
nette à douille et le fusil mousquet. Le grand
dauphin, « pour lui marquer l'estime particulière
« qu'il faisait de son grand mérite et la satisfaction
« qu'il avait des services rendus par lui au roi, »

donna au maréchal Vauban, le 18 novembre 1688,
quatre pièces de canon provenant de Philipsbourg.
Ces pièces, qui avaient été transportées au château
de Bazoches, disparurent pendant la Révolution.

Si Vauban fut grand en temps de guerre, il fut
encore plus grand en temps de paix. Saint-Simon
inventa pour lui le beau mot de *patriote*. Ce fut,
dit cet historien, « le plus honnête homme et le
plus vertueux de son siècle, le plus simple, le plus
vrai et le plus modeste. » Seul, il eut le courage
de protester hautement contre la révocation de
l'Edit de Nantes. Après la paix de Ryswick (20
septembre 1697), Vauban, qui avait tant combattu,
tant travaillé pour la grandeur de la France, pour
la patrie qu'il avait rêvée si belle, consacra son
temps à l'étude de questions intéressant le peuple,
les humbles, les malheureux. Il a écrit douze gros
volumes d'idées philanthropiques qu'il intitula
modestement : *Mes oisivetés*, et prépara son fameux
projet de *Dîme royale*. Cette magnifique intelligence, dans son amour du bien, avait devancé de
deux siècles les idées de son temps ; car, il faut
bien le reconnaître, son projet de *Dîme royale*
n'était rien autre chose que l'*Impôt sur le revenu*,
dans l'application duquel sont venus échouer jus-

qu'à ce jour tous les efforts de nos hommes d'Etat modernes. « Je me suis obligé d'honneur et de « conscience, disait-il dès le début de son livre, « de représenter à Sa Majesté qu'il m'a paru que. « de tout temps on n'avait pas eu assez d'égard en « France pour le menu peuple, et qu'on en avait « fait trop peu de cas ; aussi, c'est la partie la plus « ruinée et la plus misérable du royaume ; c'est « elle, cependant, qui est la plus considérable par « son nombre et par les services réels et effectifs « qu'elle lui rend, car c'est elle qui porte toutes « les charges, qui a toujours le plus souffert et « qui souffre encore le plus. » — Et pour remédier à cet état de choses, il proposait de remplacer les impôts existants par l'établissement d'une dîme royale. « Par ce moyen, disait-il, un·chacun con- « tribuera selon son revenu aux besoins de l'Etat, « par une proportion dont personne n'aura lieu « de se plaindre, parce qu'elle sera tellement « répandue et distribuée que, quoiqu'elle soit éga- « lement portée par tous les particuliers, depuis « le plus grand jusqu'au plus petit, aucun n'en « sera surchargé, parce que personne n'en portera « qu'à proportion de son revenu. »

Quand ce livre, imprimé en province, parut au

Cliché Desvignes.

Pl. 23 — L'Eglise de Saint-Père

commencement de l'année 1707, ce fut, dit Saint-
Simon, *un rugissement* dans les classes privilégiées.
Louis XIV oublia en un instant un demi-siècle de
bons et loyaux services, traita l'auteur « d'insensé
pour l'amour du bien public », le disgracia, et par
arrêts des 14 février et 19 mars 1707, condamna
au pilori ce livre qui aurait dû être au contraire
un des beaux fleurons de sa couronne de gloire.
Vauban, déjà malade, âgé de 74 ans, voyant s'éva-
nouir ses espérances, si chèrement caressées,
d'améliorer le sort du peuple, se sentit blessé au
cœur par cette profonde injustice. Le 30 mars de
la même année, il mourut à Paris « consumé de
douleur et d'une affliction que rien ne put adou-
cir. » Sa dépouille mortelle fut transportée en son
château de Bazoches.

Quand, à deux siècles d'intervalle, l'historien
impartial, déchirant le voile du passé, dépouillant
des préjugés de l'époque les hommes et les faits,
montre, d'une part, Vauban au comble des honneurs, risquant tout, rang, richesses, faveur royale,
pour défendre les intérêts des pauvres et des
humbles contre les privilèges des riches et des
puissants, — et, d'autre part, met à nu l'ingrati-
tude de Louis XIV, — nous le déclarons sincère-

9

ment : c'est le grand roi, « le roi Soleil », qui nous
semble petit, et c'est le petit morvandeau de Saint-
Léger, c'est l'exilé de Bazoches qui nous apparaît
sublime et grand !

Tel fut l'homme à qui un monument va être
élevé à Bazoches. Nul ne mérite mieux d'être
glorifié ; et comme, ainsi que l'a dit récemment
un de nos écrivains les plus populaires, « il n'est
pas un pays au monde où tout ce qui touche à la
patrie soit l'objet d'un culte aussi profond que
dans notre France », nous espérons bien que toutes
les assemblées départementales et communales de
la Nièvre considèreront comme un devoir de par-
ticiper à la souscription, et que tous les citoyens
de notre canton, même les moins fortunés, auront
à cœur d'envoyer leur obole afin de contribuer,
dans la mesure de leurs ressources, à l'érection de
ce monument destiné à rappeler à la population
qui l'oublie, au passant qui l'ignore, que c'est à
Bazoches que Vauban avait établi sa demeure de
prédilection, et que c'est là *qu'il médita les travaux
qui l'ont rendu immortel !*

BRASSY; CHALAUX; DUN-LES-PLACES

l'Église de Dun-les-Places

Brassy, autrefois *Bracy*, était déjà constitué en paroisse en 1052. Ce pays ressortissait de l'élection et du grenier à sel de Château-Chinon. Au XIᵉ siècle, Henri de Clamecy y fonda un prieuré de bénédictins et en fit don au monastère de la Charité-sur-Loire.

Charles le Téméraire ayant voulu, en 1466, imposer les habitants de Brassy et de Dun, ceux-ci se révoltèrent, refusèrent de payer l'impôt et maltraitèrent les gens chargés de le recouvrer. Il fallut envoyer des hommes d'armes pour les soumettre.

Plus tard, Brassy fut érigé en baronnie, relevant du comté de Château-Chinon. En 1790, il devint le chef-lieu d'une justice de paix ou canton,

comprenant Brassy, Chalaux, Dun-les-Places,
Marigny-l'Eglise, Gâcogne et Mhère. Ce canton
fut supprimé en 1800, et les communes qui le
composaient furent rattachées les unes au canton
de Lormes, les autres au canton de Corbigny.

. . . .

Chalaux. — *Kalomons*, se trouve dans un vallon
très pittoresque arrosé par la rivière portant le
même nom, qui prend sa source près de Planchez
et se jette dans la Cure, à quatre kilomètres plus
bas, au-dessous de Marigny-l'Eglise. Ce petit pays
est très ancien. Quelques écrivains prétendent que
c'est sur le territoire de Chalaux, et non pas,
comme les historiens l'ont généralement admis,
dans les plaines de Châlons, que Mérovée, à la
tête des Francs, aurait arrêté et vaincu Attila, en
451. — A la suite de cette bataille, quelques
barbares se seraient même fixés dans la contrée,
— au lieu dit « *les Goths* », — et auraient donné
leur nom au lieu sauvage qu'ils avaient choisi
pour retraite.

Baudiau, dans son histoire du Morvand, écrit
Gaux au lieu de *Goths*, et prétend que cet endroit
aurait servi de repaire à une bande de ces fainéants

Pl. 24. — Les Ponts de Pierre-Perthuis

qui, jadis, vagabondaient à travers le pays et qu'on appelait *Galls* ou *Gaux*.

L'abbé Lebœuf assure que c'est auprès de Chalaux, sur la hauteur des *Plats*, qui dépend aujourd'hui de la commune de Marigny-l'Eglise, que se livra, sous le règne de Charles le Chauve, en 843, la bataille où les Normands furent complètement défaits.

Chalaux dépendait de l'élection et du grenier à sel de Vézelay. Ce fut autrefois le siège d'une ancienne terre en toute justice, mouvante du duché de Nevers, à cause de la châtellenie de Monceaux-le-Comte. Ce fief, qui appartenait à la famille de Chastellux, fut cédé au seigneur de Vézigneux en 1510, époque à laquelle le château fort, situé à l'est du village, près de la rivière, cessa d'être habité et tomba en ruines. Tous les habitants étaient serfs, sujets au guet et garde envers leurs seigneurs, taillables à volonté une fois par an, le jour de Saint Luc. « Ils devaient, « en outre, cinq deniers par feu, deux poulets « prêts à chaponner le jour de Sainte Madeleine, « pour le droit de pacage dans les bois de la « Pommerée, une poule de coutume, le jour de « *carême prenant*, et deux boisseaux d'avoine... »

9.

Défense était faite de pêcher dans la rivière ou dans le ruisseau des Goths, sous peine de cinquante livres d'amende.

On voit encore aujourd'hui, dans le village de Chalaux, une vieille tour, vestige d'une ancienne maison seigneuriale, connue autrefois sous le nom de la *Grande Maison*. Ce manoir faisait partie d'un arrière fief qui, en 1561, appartenait au frère de Théodore de Bèze, et qui passa ensuite entre les mains de la famille Pons, une des plus anciennes du pays. A la fin du siècle dernier, il devint, par suite d'alliance, la propriété de Borne-Desfourneaux, général français, né à Vézelay, qui, envoyé à Saint-Domingue, y battit les Espagnols, et, sous les ordres de Leclerc, força, en 1802, Toussaint-Louverture à se rendre.

. . . .

Dun-les-Places. — *Dunum.* — Le village de Dun remonte à une haute antiquité : Il se trouve construit, entre la rivière de la Cure et le ruisseau de Saint-Marc, dans l'enceinte d'un camp retranché, dont on peut découvrir encore quelques vestiges. Son territoire était autrefois divisé en deux parties par la Cure qui coule entre deux rives bordées de rochers escarpés, à l'aspect sauvage. Celle de la rive droite dépendait de la Bourgogne, de l'élection et du grenier à sel d'Avallon, et le vin n'y payait pas d'impôt ; celle de la rive gauche dépendait du Nivernais, de l'élection et du grenier à sel de Château-Chinon, et le vin y était imposé. Aussi, les habitants de ce côté, appelés les *Iverniches* ou *Niverniches*, (corruption du mot Nivernistes), qui, paraît-il, aimaient à fêter la dive bouteille, descendaient-ils souvent à la rivière, non pour y boire, oh ! non ! — mais pour la traverser, afin d'aller *trinquer* à bon marché, de l'autre côté.

Quand l'Eglise actuelle fut construite au hameau des Places, de nombreuses maisons ne tardèrent pas à s'élever autour de l'édifice, et le siège de la Commune fut enlevé au Vieux Dun. Cette église fut construite de 1844 à 1850 par l'architecte Lenormand, et payée entièrement des deniers de M. Marie-Augustin-Xavier Feuillet, ancien officier de marine, alors maire de la commune. L'abbé Baudiau qui était alors curé de Dun-les-Places, loue naturellement, comme il convient, dans son ouvrage sur le Morvand, la générosité et la piété du fondateur. — « La piété, on doit le croire, a « eu part à cette fondation, mais rapporte M. « Charles Flandin, dans son intéressante étude sur

« la *Cure et ses bords*, à Dun-les-Places, on raconte
« une histoire qui a bien son cachet de vérité. L'of-
« ficier de marine, fort riche, mais déjà d'un certain
« âge, s'était marié à une très jeune fille pauvre
« et belle. Les deux époux, par contrat, s'étaient
« assuré réciproquement leur fortune pour le cas
« de survie. Quel fut le bonheur de cette union ?
« Il fut, au moins, de courte durée. La jeune fem-
« me se laissa enlever par un étranger. Où alla-t-
« elle ?... Elle se fit oublier. M. Feuillet resta à
« Dun-les-Places, où il devint maire de la com-
« mune. C'est dans l'exercice de cette fonction,
« en l'année 1844, à l'âge de 70 ans, qu'il se sou-
« vint de son contrat de mariage, et résolut de
« consacrer sa fortune à une œuvre pie, pour
« qu'elle ne tombât pas aux mains de celle qui
« avait déserté sa maison. »

— Le style adopté pour cette église fut le roman
du XIe siècle, comme le comprenait l'école de
Citeaux. Elle présente la forme d'une croix latine.
Dans une des chapelles se trouve le tombeau du
fondateur. Aux angles de la place qui entoure la
basilique, quatre obélisques portent, chacun sur
une de leurs faces, un de ses prénoms.

Tout en granit, de la base au sommet de la flè-

Pl. 25 — L'Eglise de Vézelay

che, cette église est réellement belle, et les six
colonnes monolythes du chœur méritent d'être
remarquées. La longueur de l'édifice, compris le
narthex et l'abside centrale, est de 53 m. 55, sa
largeur au transept est de 26 m. 60, et dans la
nef de 18 m. 30, la hauteur de la voûte sous-clef
est de 12 m. 50.

Le seul reproche qu'on puisse lui faire, c'est que
le clocher manque d'élévation. A le voir ainsi
écourté on ne peut s'empêcher de penser que peut-
être le donateur avait fini par trouver que les fonds
baissaient trop vite au fur et à mesure que l'édifice
s'élevait, et qu'il avait eu hâte de le faire achever. —
La première pierre fut posée le 1er septembre 1844
et neuf médailles furent scellées par M. Dupin
aîné, député de l'arrondissement de Clamecy, dans
les deux principaux blocs de granit des angles du
pignon de l'ouest. Ces médailles représentaient :
1º la famille royale, 2º le serment du 9 août 1830,
3º le mariage du duc d'Orléans, 4º le baptême du
comte de Paris, 5º la princesse Marie, 6º le duc
d'Orléans, 7º l'arc de triomphe de l'Etoile, 8º
l'Obélisque de Luxor, 9º une médaille de M. Dupin aîné (cette dernière ajoutée sur la demande
de M. Feuillet).

— Sur le territoire de Dun, existait autrefois la seigneurie du Montal, dont la grosse tour se voyait encore au commencement de ce siècle. Cette seigneurie fut honorée du titre de comté par Louis XIV, qui voulut ainsi récompenser les services de Charles de Montsaulnin, seigneur des Aubues (voir page 33).

— Deux autres fiefs se trouvaient, l'un, au Parc, mouvant des ducs de Nevers, avec droit de haute et basse justice, de chasse pour toutes sortes de gros et menu gibier, et de pêche dans la Cure, — l'autre à Vermot, mouvant du comté de Château-Chinon.

Le joli petit manoir de Vermot, avec ses deux tourelles carrées, existe encore : adossé à la montagne, il semble un nid dans la verdure.

EMPURY; MARIGNY-L'ÉGLISE
POUQUES
LA CHARTREUSE DU VAL SAINT-GEORGES

Empury, Emporium. — La plupart des historiens
s'accordent à croire que le nom d'Empury vient
d'*emporium*, qui veut dire rendez-vous de commerce, marché, et déduisent de là que dans les
temps anciens, Empury était peut-être cette ville
commerçante qui, d'après de vieux auteurs, fut
fondée par les marseillais dans la Gaule celtique
« *Emporium urbs celsius a massilibus condita* ». La
carte des voies romaines du Morvand, dressée
sous la direction de M. l'ingénieur Kraëmer,
fournit un semblant de vérité à cette opinion,
car on remarque que la voie, qui partait de l'or-

mes et se dirigeait sur Chora, passait par Empury.

Empury dépendait autrefois de l'élection et du
grenier à sel de Vézelay. Le fief d'Empury, avec
justice et seigneurie, était mouvant du duché de
Nevers. Au xve siècle, il fut uni à la baronnie de
Vézigneux. Au bois de *la Roche*, on peut voir
encore quelques ruines de l'ancien château sei-
gneurial.

Breugny, hameau de cette commune, posséda
autrefois une maison-forte autour de laquelle les
habitants devaient faire guet et garde. Elle s'élevait au lieudit *la Cour Pierrot*, et fut ruinée en
1268. Le fief de Breugny, comme celui d'Empury, passa entre les mains de la maison de
Vézigneux.

. . . .

Marigny-l'Eglise ; en 1893 : *Marigny-la-Montagne, Marigny-le-Libre.* — Marigny remonte au
viiie siècle. D'après un ancien manuscrit, son nom
dériverait de celui de *Macrin*, riche citoyen
romain qui posséda une villa à Marigny-la-Ville.
Il a été trouvé en effet des médailles, des urnes,
des tuiles à rebords, dénotant qu'une habitation
romaine avait existé en cet endroit.

Pl. 26 — La Porte-Neuve, à Vézelay

Marigny dépendait de l'élection et du grenier à sel de Vézelay. C'était jadis une terre de franc-alleu et toute justice, appartenant aux seigneurs de Chastellux qui consentirent, en 1331, à la tenir en fief-lige du comte de Nevers, moyennant une somme de huit cents livres et à la condition que *les villes et terres de Marigny-l'Eglise, Bazoches et leurs dépendances seraient érigées en châtellenies.*

Au sud-ouest du village, sur la hauteur des *Plats*, célèbre par la défaite des Normands, en 843, s'élevait, au XIVe siècle une maison-forte : il n'en reste aucune trace aujourd'hui.

Au confluent de la Cure et du Chalaux, il existait un autre château dont on voit encore quelques vestiges. Ce château, connu sous le nom de *Roche-Berthaud,* était entouré de grands fossés que l'on pouvait inonder à volonté au moyen d'un barrage établi dans la rivière.

De la hauteur des Chamiaux, emplacement de l'ancien signal télégraphique, on jouit d'une des vues les plus belles et les plus étendues sur le Nivernais et l'Avallonnais.

. . . .

Pouques. — Pouques, qui remonte au IXe siècle, dépendait de l'élection et du grenier à sel de Véze-

10

lay. Située moitié sur le terrain calcaire, moitié
sur le terrain granitique, cette commune est la
plus fertile du canton.

Tout au fond de la vallée, à un kilomètre au
sud, on aperçoit les restes de l'ancienne chartreuse
de *Sainte-Marie du Val-Saint-Georges*. — Elle fut
fondée par Hugues III, baron de Lormes, seigneur
de Château-Chinon, et par Elvis, dame d'Epoisse,
sa femme, en 1235. Cette création fut approuvée
la même année par Guy de Vergy, évêque d'Autun ; et la charte de fondation contient en même
temps la confirmation de Guy II, comte de
Nevers et de dame Mahaut de Courtenay, sa
femme.

La Chartreuse du Val Saint-Georges fut dotée
de revenus immenses et devint une des maisons
professes de l'ordre en France. L'examen du ter-
rier établit que sur les seuls finages « de la Vallée,
« du Triot, du Moulinot, de Gemigny, du Fresne, de
« Marnay, de Valentanges, de Vellerot, de Bailly, de
« Magny, de l'Haut, de Montigny, des Aubues,
« de Luxery, d'Anthien, de Chamoux, du Cou-
« dray ou l'huis Baudequin, de l'huis Nugue ou
« l'huis Maréchal, de la rue Charbon ou l'huis
« Tardy, de l'huis Berthier, de Pouques, les moi-

« nes possédaient en bâtiments, terres, prés, bois,
« chenevières, *trois mille six cent soixante-treize*
« articles ! »

Dans la charte même de fondation, le fondateur
avait pris soin de protéger, dans la mesure du possible, les droits de propriété des moines et aussi...
leurs vœux. On y lit des défenses comme celle-ci :
« Qu'aucune femme, si ce n'est au jour de
« la dédicace de l'église, n'approche des portes
« et enclos, des maisons et des granges des
« frères. Si quelqu'une, par nécessité, passe auprès
« de ces édifices, qu'elle ne s'y arrête pas, non
« plus que dans les bois qui les avoisinent ; mais
« qu'elle suive son chemin et passe rapidement,
« si elle ne veut encourir la confusion et la
« honte. »

— Pour que le fondateur se soit cru obligé de
les défendre ainsi contre eux-mêmes, il faut croire
que les chartreux de ce temps-là étaient diablement
terribles !

« Que personne ne se permette de chasser, de
« quelque manière que ce soit, dans les forêts ou
« autres propriétés dépendant de cette maison. S'il
« arrivait que, par hasard, on y prit quelque gibier,
« on le portera de suite à l'établissement qui nour-

« rira les lépreux avec les chairs de l'animal et
« gardera la peau. Si quelqu'un osait contrevenir
« sciemment à une seule de ces défenses, qu'il
« soit châtié si sévèrement par le seigneur de la
« terre et ses gens, que personne, à l'avenir, n'ait
« l'audace de se rendre coupable du même crime
« ou délit ! »

— Hugues III, seigneur de Lormes, comme on
voit, ne plaisantait pas !

A la Révolution, tous les biens de cette chartreuse furent vendus au profit du gouvernement,
ainsi que les bois immenses qui en dépendaient et
qui d'abord avaient été réservés.

Montigny, un des hameaux de Pouques formait
une terre en toute justice, dépendant pour trois
quarts de la seigneurie de Lormes-Châlons, et
pour un quart (connu sous le nom de la Mothe
de Montener) de la seigneurie de Lormes Château-
Chinon. Cette dernière partie possédait une maison-forte disparue depuis longtemps.

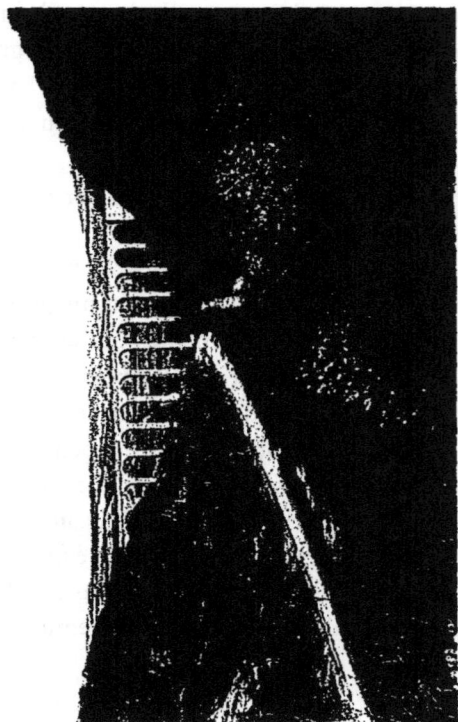

Pl. 27. — Le Pont de Montreuillon

SAINT-ANDRÉ-EN-MORVAND
SAINT-MARTIN-DU-PUY
Le Poète Madelénat

Saint-André-en-Morvand. — Saint-André qui, en 1893, s'appela pendant quelque temps *Pelletier-le-Rocher,* est bâti sur une éminence, dans un site des plus pittoresques, au confluent de la Cure et du ruisseau de Chaloire ou Saloué. Son origine remonte au xe siècle. Son territoire est divisé en deux parties par la rivière de Cure. Tous les hameaux situés sur la rive droite appartenaient autrefois à la Bourgogne et relevaient du parlement de Dijon, de l'élection et du grenier à sel d'Avallon, ceux situés sur la rive gauche dépendaient du Nivernois et ressortissaient du bailliage royal et siège présidial de Saint-Pierre-le-Moutier, de l'élection et du grenier à sel de Vézelay. — Les

10.

habitants étaient retrayants de la forteresse de
Chastellux et tenus au guet et garde. — Les gens
de Serée, en 1617, s'exonérèrent de ce droit
moyennant une redevance mensuelle de *huit sous*
par homme, mais ils restèrent obligés de contribuer aux frais d'entretien des fortifications du
château.

Saint-André et ses hameaux, Urbigny, Athée,
Villurbin, Serée, formaient plusieurs fiefs mouvants
partie du Comté de Chastellux, partie de la baronnie de Vézigneux. — Villurbin et Serée eurent
jadis leurs manoirs aujourd'hui disparus.

Non loin de Serée on a trouvé des ruines
romaines que le comte de Chastellux fit explorer
en 1838; ces fouilles firent découvrir vingt sque-
lettes, des vases, des médailles, une salle de bains
décorée de peintures à fresque, et une belle
mosaïque qui fut transportée dans une des salles
du château de Chastellux.

Dans la chapelle de droite de l'église existe,
sculptée dans un seul bloc de pierre, une nativité,
en quatre scènes, qui remonte, parait-il, au douziè-
me siècle, et qui, par la naïveté même de son
exécution, mérite d'être remarquée.

. . . .

Saint-Martin-du-Puy. — Saint-Martin-du-Puy est situé sur une élévation, d'où son nom, de *podium*, qui, en basse latinité, signifie hauteur. Ce village remonte au ixe siècle. Il ressortissait du bailliage de Saint-Pierre-le-Moutier, de l'élection et du grenier à sel de Vézelay. La paroisse, comme toutes celles du canton, dépendait du diocèse d'Autun. Ce fut le siège d'une baronnie dont le château a disparu depuis longtemps. Sous la féodalité, Saint-Martin posséda un bailliage et une gruerie ayant dans leur ressort une partie de Chalaux, Empury, Brassy, Saint-André et Marigny-l'Eglise.

Cette commune est la plus riche du canton par ses bois. Dès 1461, Jean V de Châlons, baron de Lormes, abandonna aux habitants les droits d'usage et de pacage dans ses forêts, qui se composaient de 1404 hectares, moyennant *vingt six écus d'or sol, au coin du roi*, et une rente perpétuelle *d'un denier parisis par feu payables, chacun an, le jour de la Nativité*. Par la suite, des difficultés s'élevèrent au sujet de l'exercice de ces droits, des procès s'engagèrent, et ce ne fut qu'en 1763 qu'un partage intervint, qui fixa les droits forestiers des seigneurs du pays et des usagers.

Saint-Martin-du-Puy avait été exempté de la
forclusion, par arrêt du parlement du 15 mai 1574.
Ses habitants, à part quelques cas d'affranchis-
sements particuliers, étaient *serfs et de serve condition, mainmortables, taillables à volonté une fois par an,
au jour de Saint-Barthélemy...redevables d'une poule
de coutume par feu au jour de Saint-Rémi.* La
féodalité pesa de tout son poids sur eux jusqu'en
1789, alors que depuis longtemps déjà leurs voisins des pays d'alentour avaient été presque tous
affranchis. Aussi se montrèrent-ils ardents patrio-
tes et apprécièrent-ils d'autant mieux la liberté,
quand la Révolution éclata. Saint-Martin-du-Puy
prit alors le nom de *Puy l'affranchi.*
Au nord de Saint-Martin, s'élève l'antique château de Vézigneux, reconstruit au xviiᵉ siècle sur
l'emplacement de l'ancienne maison-forte. La
terre de Saint-Martin étant entrée en 1549 dans la
baronnie de Vézigneux, tous les habitants furent
tenus au guet et garde autour du château. Vézigneux, d'après Baudiau, était une seconde baronnie
mouvante, en fief, du comté de Chastellux, et, en
arrière-fief, du duché de Nivernais. Le seigneur
exerçait à Saint-Martin, haute, moyenne et basse
ustice, jugeant jusqu'à *punition corporelle* : il avait

Pl. 28. — Le Monastère de la Pierre-qui-Vire

le droit de nommer juge gruyer, procureur, greffier. — C'est, dit-on, au château de Vézigneux que Vauban fut présenté au grand Condé.

Au nord-est de Saint-Martin, on voit encore les ruines de l'ancien prieuré de Saint-Jean de la Vernhée, fondé au XIIe siècle, par le seigneur de Chastellux qui en fit hommage à l'abbaye de filles de Crisenon.

Saint-Martin est la patrie du poète *Gabriel Madelénat*, qui y naquit en 1587, de Henry et de Toussaine Leclerc. Après avoir étudié à Nevers et à Bourges, il vint à Paris en 1610, y fut reçu avocat au parlement et obtint la protection du cardinal Duperron et du cardinal de Richelieu. Celui-ci l'honora de la charge de son interprète pour la langue latine, et lui procura une pension de quinze cents francs sur l'Etat et de sept cents francs sur sa propre cassette. Madelénat fit d'abord quelques pièces en vers français, dont une sur la prise de La Rochelle en 1628, mais il réussit surtout dans la poésie latine. Il faut croire que ses poésies furent très appréciées à cette époque, car, lorsque Nicolas de Bourbon eut l'occasion de les lire, il s'écria enthousiasmé : « *Ubi tam diù latuisti !* »

Il mourut à Auxerre le 20 novembre 1661, à l'âge de 74 ans, chez son neveu, Jean Madelénat, lieutenant au présidial, qui, rapporte Née de la Rochelle, le fit enterrer honorablement dans l'église Notre-Dame *là d'Hors* et lui consacra une épitaphe qui contient son éloge. -- Madelénat cultiva aussi la peinture, la sculpture et la musique. Ses poésies intitulées : « *Gabrielis Madeleneti ca rminum libellus* » furent plusieurs fois imprimées à Paris en 1662, en 1725 et en 1755.

Le domaine de Couan, situé sur la commune de Chalaux, lui appartint.

LES PUPILLES DE L'ASSISTANCE PUBLIQUE

et les Nourrices Morvandelles

Dans le canton de Lormes, il n'y a ni fabriques, ni usines, ni manufactures. En dehors des revenus de la culture et de l'élevage du jeune bétail, il n'existe d'autres ressources que celles produites par le commerce des bois qui fera l'objet du chapitre suivant, et celles provenant d'une industrie particulière que l'on pourrait appeler l'*industrie nourricière*. Cette industrie s'exerce de trois façons : la première consiste à élever jusqu'à l'âge de treize ans, les pupilles — au nombre de 800 environ, — que l'Assistance publique de la Seine envoie dans le canton ; la seconde consiste à donner les soins nécessaires au premier âge à des enfants de parti-

culiers que des nourrices sèches vont chercher à
Paris et ramènent dans leur pays, où elles les
élèvent au biberon ; la troisième consiste pour les
jeunes mères à se placer dans les familles riches,
comme *nourrices sur lieu*.

Les enfants assistés, les *petits Paris*, sont très
recherchés par nos cultivateurs campagnards, car
la pension du nourrisson est assez rémunératrice :
cette pension est mensuellement de 25 fr., de un
jour à un an, de 20 fr., de un à deux ans, de
15 fr., de deux à trois ans, de 13 fr., de trois ans
à treize ans inclusivement. A ces sommes viennent
encore s'ajouter diverses petites indemnités pour
les vêtements, les souliers....

Après treize ans, les rôles changent : les
pupilles sont placés comme domestiques, par les
soins des employés de l'assistance et reçoivent des
gages plus ou moins élevés, suivant leur force,
leur intelligence et leur aptitude au travail. S'ils
restent dans la famille qui les a élevés, ce qui
arrive très souvent, ce sont alors les parents
nourriciers qui les paient à leur tour, et les
sommes reçues, placées en livrets de caisse d'épar-
gne, constituent un petit pécule qui leur est remis
à l'époque de leur majorité.

Ces enfants sont généralement très bien soignés :
les parents nourriciers montrent à leur égard
autant d'attachement qu'envers leurs propres
enfants, et cet attachement devient réciproque.
M. Gégout conte à ce propos, dans son livre des
Parias, deux anecdotes qui méritent d'être citées :
« J'ai assisté, dit-il, à la reconnaissance d'un gars
« d'une vingtaine d'années par sa mère, une belle
« et honneste dame, à la façon de Brantôme. Le
« pupille de l'Assistance fit la sourde oreille à la
« voix du sang. Emmené à Paris, il trouva un
« fort bel hôtel, laquais et équipage, mais huit
« jours ne s'étaient pas écoulés qu'il trompait la
« surveillance de son précepteur et s'en venait
« à pied à la maison de sa tendre nourrice qu'il
« pleurait à pleins yeux. Trois fois on vint l'en
« arracher, trois fois il y revint. La belle et hon-
« neste dame perdit patience, dota l'enfant et le
« laissa à ses pastorales préférences.

« Dans une circonstance analogue, un autre
« garçon pria sa véritable maman, qu'il voyait
« pour la première fois, de le laisser tranquille. Il
« aimait la fille d'un fermier voisin et n'entendait
« pas que l'on dérangeât ses amours champêtres.
« La mère, aussi confuse que titrée, n'insista pas.

« Elle se contenta d'assurer l'avenir du jeune
« couple, et, pour avoir tant tardé, repartit le
« cœur vide ».

La jeune mère qui s'en va à Paris ou dans
d'autres grandes villes, comme *nourrice sur lieu*
confie son propre enfant aux soins d'une autre
nourrice qui, elle, reste au pays et l'élève en
même temps que le sien. D'après les prescriptions
de la loi du 23 décembre 1874, sur la protection
de l'enfance, ne sont autorisées à laisser ainsi leur
progéniture dans des mains étrangères, pour aller
se placer, que les jeunes mères dont les enfants
ont au moins sept mois ou sont confiés à une
autre nourrice, qui, jusqu'à cet âge, se charge de
les élever au sein. Malheureusement, ces prescriptions ne sont point toujours observées. Certains
maires accordent facilement aux nourrices des
certificats attestant que leur enfant est élevé au
sein, alors qu'ils savent très bien que cela n'est pas
exact. On ne saurait signaler trop haut ni trop
souvent ces coupables complaisances, qui occa-
sionnent une mortalité trop fréquente dans la
population enfantine.

De tout temps, les nourrices morvandelles ont
été recherchées par les familles riches à cause de

leur robuste santé. « C'est à Dun-les-Places,
« rapporte M. Dupin aîné, dans son ouvrage sur
« le Morvand, qu'on est venu chercher une
« nourrice pour le roi de Rome, fils de l'empereur
« Napoléon Ier, pour le duc de Wurtemberg, fils
« de la princesse Marie, et pour le prince de Condé,
« fils du duc d'Aumale ».

C'est également dans le Morvand, — à Empury,
— qu'on est venu en chercher pour le fils de
Napoléon III, et à Sonne, commune de Lormes,
pour une des filles de M. Félix Faure.

Ces nourrices sont naturellement choyées et
entourées de tous les soins désirables dans les
familles qui les ont choisies ; elles reçoivent des
gages importants qui, plus tard, leur permettent
d'apporter un peu de bien-être et de confortable
dans leurs demeures villageoises. Elles s'attachent,
du reste, beaucoup à l'enfant étranger et finissent
souvent par le chérir autant et même plus que
leur propre enfant laissé au pays. M. Louis de
Courmont, le poète du Morvand, a exprimé d'une
façon touchante, dans une jolie « berceuse » les
sentiments de la *nounou* morvandelle pour son
nourrisson. Nous pensons faire plaisir à nos
lecteurs en la reproduisant ici :

NOUNOU !

BERCEUSE

Bébé zouli, mon biau jésus !
Voichi mon sein plien de lolo :
Peurnez ! beuvez ! dansez dessus !
    Faites dodo !

Faites risette ai lai nounou
Qu'ai Paris — chi loin de sé nou !
S'en vint vous sarvi, ai zenou,

Tout couime in petit saint vivant, !
Toujou bavant, toujou mouvant,
Mal content, mal propre souvent.

Quand vous riez, mon blian séri,
Mon cœur sante le mai flieuri !
Mais las ! quand i vous vois souffri,

Dlai coulique ou du mau de dents,
Ço moi, chu das sarbons ardents,
Moi que poine et plieure en dedans !

Car mon bounheur, car mon souci
O de vous aimer — par ainsi,
De vous voi ben hireux aussi !...

Pl. 29 — La Roche du Chien

Cependiment, vous grandirez,
Pu tard, in Monsieu vous ferez ;
I m'en irai — Vous m'oublierez !...

Quand vous serez grand parvenu,
Sonzez que vous êtes venu
Tout petit au monde... et tout nu !

Sonzez, quand vous serrez puissant,
Qu'i vous neurris, faible innocent !
Aitou mai vie, aitou mon sang,

Pendant que mon pôr petit gas
Boit du lait de bigue, là-bas ;
Et, ben souvent, o n'en ai pas !

Ne soyez ni malin, ni chtit :
Mais, toujou, montrez-vous zentit
Pour le pôr monde et le petit !

Car les houmes sont frères tous :
O devont don s'aimer teurtous,
Non se miger coume das lous ! ! !

Bébé zouli, mon biau jésus !
Voichi mon sein plien de lolo ;
Peurnez ! beuvez! joupez dessus !
    Faites dodo !

II.

LES BOIS ET LE FLOTTAGE

Jean Rouvet

Les produits forestiers constituent une des principales ressources du canton de Lormes qui, ainsi que nous l'avons dit, comprend plus de onze mille hectares de bois. — Ces bois divisés en coupes sont exploités habituellement à l'âge de vingt ans, et de nombreux marchands s'en disputaient naguères les produits.

La *moulée*, presque en totalité, était achetée pour le chauffage de Paris. Il y a une trentaine d'années la majeure partie de ces bois était expédiée par la voie du *flottage à bûches perdues*.

Les bois sortis, par chariots, des forêts voisines, et échelonnés le long des rivières et ruisseaux flottables, sur des emplacements *ad hoc*, appelés *ports,* étaient jetés à l'eau qui, en quarante-huit heures, se chargeait de les transporter à Clamecy ou à Vermenton. Là, on les repêchait pour en former des *trains* qui étaient directement dirigés sur la capitale.

L'invention du flottage à bûches perdues date de loin, et les opinions sur son origine ont longtemps varié : Bogros prétend que c'est Jean Sallonnyer qui en fut le promoteur dans le Haut-Morvand en 1598, et qu'il reçut pour cela des lettres de reconnaissance de Henri IV. D'après M. F. Moreau, auteur de l'histoire du flottage en trains, c'est un Guillaume et non un Jean Sallonnyer de Moulins-Engilbert qui, en février 1551, obtint du roi Henri II des lettres patentes « à l'effet de « construire et édifier sur la rivière de Cure pour le « flottage de son bois, des gares, perthuis, relais, « écluses et arrêts. ». — D'autres prétendent que la première application du flottage sur la Cure appartient à un sieur Gilles Desfroissez, maître de forges du Nivernais. D'autre part, Le Vayer, intendant en 1698, dans un mémoire de la généralité de Moulins dressé par lui, rapporte que « le sieur marquis de la Tournelle père trouva « l'invention de faire flotter les bois sur l'Yonne. »

Enfin, d'après l'opinion la plus accréditée, c'est à *Jean Rouvet*, né à Clamecy, que reviendrait le mérite de cette invention qui, en réalité, remonterait à 1549. Dix-sept ans plus tard, le roi Charles IX, par lettres patentes du 23 décembre 1566, « permit à René François Arnoul, comme « successeur de Jean Rouvet, de faire flotter des « bois sur les rivières de Cure et d'Yonne pour la « provision de Paris. »

A la suite d'une souscription ouverte par M. Dupin aîné, un buste dû au ciseau de David d'Angers a été érigé à Jean Rouvet sur le pont de Clamecy, le 8 octobre 1828.

— L'exploitation des bois et les opérations diverses nécessitées par leur transport (martelage, flottage, triage, empilement) constituaient jadis dans notre canton une affaire des plus sérieuses, tant au point de vue des importants capitaux mis en mouvement qu'en raison du nombre considérable de bras occupés. Mais depuis une vingtaine d'années les conditions de vente des produits forestiers ont changé dans des proportions déplorables pour notre pays. Les nouveaux modes de chauffage, avec appareils employant le charbon de terre et le gaz, ont jeté la perturbation sur nos

Pl. 30 — Le Dolmen Chevresse

marchés ; certains marchands de bois, qui chaque
année se disputaient nos produits ont commencé
par renoncer à faire flotter, se contentant d'acheter
les coupes dont les bois pouvaient être transportés
directement, par chariots, aux ports de *Chitry* ou
de *la Chaise*; d'autres ont abandonné complètement la contrée, en sorte que les propriétaires de
bois — tout en payant toujours le même impôt
énorme de 4 fr. 50 à 5 francs par hectare, — trouvent à peine aujourd'hui à vendre leurs coupes
moitié du prix qu'ils en trouvaient il y a vingt ans,
et sont à la merci de quelques marchands de bois
dont ils sont forcés d'accepter les conditions
souvent dérisoires.

Certains propriétaires se sont émus de cette
situation, et, parmi eux, nous signalerons en
première ligne, M. Gaston Gouget, notaire honoraire à Lormes, auquel nous sommes heureux de
rendre ici un hommage bien mérité pour sa
généreuse initiative. Ils se sont demandé si réellement ces nouveaux modes de chauffage avaient pu
influer sur la vente de nos bois à Paris, au point
d'amener une baisse comme celle que les marchands de bois ont imposée : ils se sont renseignés,
documentés, et ont pu s'assurer que nos bois du

Morvand n'étaient guère vendus aux consom-
mateurs de Paris plus cher aujourd'hui qu'autrefois, et que la différence entre les prix actuels
et ceux de jadis restait, pour partie, entre les
mains des intermédiaires, et allaient, pour partie,
grossir le bénéfice des marchands ; qu'en consé-
quence, les propriétaires étaient seuls à souffrir
de cette différence.

En présence de ces faits, ces personnes, avec
lesquelles tous les possesseurs de bois doivent
avoir à cœur de se solidariser, n'ont pas hésité à
proposer aux propriétaires de la contrée de se syn-
diquer, afin de faire exploiter eux-mêmes leurs
propriétés forestières. — Quelques chiffres suffiront
à démontrer les avantages qu'offrira ce syndicat :
depuis plusieurs années, les prix de vente, sur le
canal, varient de 75 fr. à 85 fr. le décastère, soit
une moyenne de : . . . .   80 fr.
d'où il y a lieu de déduire pour frais
    d'exploitation, de transport par voi-
    ture, d'empilement, de manuten-
    tion et de droits de port, environ: 43 fr.
Il reste donc net au propriétaire : .   37 fr.
(Observation faite que de ce chiffre de 37 fr.,
ne sont point déduits les frais de garde, le

montant de l'assurance, ni l'impôt foncier payé pendant vingt ans.)

Or, le décastère de bois du Morvand, qui pèse en moyenne 5.000 kilogs, soit 1000 kilogs le mètre cube, se vend couramment, — au poids, — à Paris, à raison de 50 fr. le mètre cube, soit 250 fr. le décastère. Admettons, pour rester plutôt au-dessous de la vérité, un prix moyen de 240 fr. et voyons à quelle somme peuvent s'élever les frais généraux pour amener un décastère de bois, du canal au domicile du consommateur parisien. En se basant sur un chiffre de 4.000 décastères, chiffre qu'un syndicat bien organisé doit pouvoir facilement fournir chaque année, les personnes compétentes, qui ont sérieusement étudié la question, établissent que les frais, par décastère, se décomposent ainsi :

1º Transport du canal à Paris, octroi, débarquement et transport au chantier. . . . 72 fr.

2º Empilement et manutention au chantier, sciage à deux ou trois traits, transport chez le client, frais de chantier, location, employés, impôts, risques divers : . . . . 45 fr.

Ensemble 117 fr.

en y ajoutant les frais primitivement faits jusqu'à
l'arrivée des bois au canal, évalués plus
haut à : . . . .   43 fr.

On obtient un total de frais de . . 160 fr.
pour un décastère de bois qui se vend : 240 fr.

Il devrait donc rester net au propriétaire. . . . .   80 fr.
au lieu des 37 fr. qu'il en retire actuellement en
vendant aux marchands.

Sur ce bénéfice, il lui sera facile de prélever une
somme largement rémunératrice pour le garde qui
aura été chargé de la surveillance et de l'exploitation de la coupe. Le garde particulier pourra en
effet être appelé à remplacer le facteur de bois :
étant sur place, habitant le pays, connaissant tous
les ouvriers de la contrée susceptibles d'être em-
bauchés, il pourra diriger les exploitations dans
des conditions beaucoup plus économiques que le
facteur du marchand, qui, appelé dans des coupes
souvent éloignées les unes des autres, est forcément
entraîné à des dépenses considérables, par ses frais
de voitures et d'hôtel.

Comme il n'est que juste que tout individu,
qui contribue à une augmentation de capital ou

de revenu, participe à cette augmentation, les propriétaires intelligents alloueront à leurs gardes un tant pour cent par décastère vendu. — Tout le monde y gagnera, car le garde particulier apportera une plus grande surveillance dans l'exploitation des bois, quand il aura compris que son salaire est appelé à augmenter en raison directe du rendement des produits.

— L'avantage d'un syndicat de propriétaires est donc indéniable, et le moment est d'autant plus propice pour le former, que dans quelques mois le chemin de fer allant du port de Chitry à Saulieu, par Lormes, sera achevé, et permettra de réaliser encore une économie sur le transport des bois jusqu'au lieu d'embarquement, économie dont les membres du syndicat pourront bénéficier et faire profiter, dans une certaine mesure, leur clientèle.

Certes, il y aura des difficultés à vaincre, mais aucune d'elles ne semble insurmontable.

Beaucoup de gros propriétaires de notre massif forestier habitent Paris, ou bien il y ont des parents, des amis, des relations nombreuses. D'après les indications qu'ils pourront donner aux agents chargés de faire la place, ces parents, ces

amis, ces relations et eux-mêmes, formeront le
noyau de la clientèle du syndicat. Ce syndicat
peut et doit s'organiser ; il réussira.

Nous croyons ne pas pouvoir mieux terminer
ce modeste ouvrage, dont l'unique but est de faire
connaître et aimer notre Morvand, et d'en défendre les intérêts, qu'en faisant appel à tous les
propriétaires de bois de la contrée, et en les adju-
rant d'adhérer à ce syndicat et de lui apporter
leur concours le plus dévoué. Tout en défendant
leurs capitaux, ils accompliront un devoir, car il
s'agit de l'avenir de nos produits forestiers, il
s'agit de la richesse de notre petit *coin de Morvand*.

TOURISME; EXCURSIONS

Comme centre d'excursions, Lormes est, sans
contredit, par sa situation, le pays le plus favorisé
du Morvand. Outre les sites pittoresques que le
voyageur rencontre à chaque pas en parcourant le
canton, il existe tout autour de cette petite ville
des curiosités dignes d'attirer l'attention des touristes, et situées dans un rayon assez rapproché,
pour que chacune d'elles puisse être l'objet d'une
excursion facile à faire dans une seule journée,
soit à bicyclette, soit en voiture. Nous nous con-
tenterons de signaler ici les principales, d'une
façon très sommaire, en renvoyant les touristes
qui désireraient de plus amples renseignements
sur la distance kilométrique d'un point à un autre
et sur la déclivité des routes, à notre petite bro-

chure des « *Excursions en Morvand,* » éditée par
le Touring Club de France.

I° Le Château de Chastellux : A neuf kilomètres
de Lormes environ, au-delà de Saint-Martin du
Puy, on aperçoit à droite, dans la vallée, le vieux
manoir de Vézigneux.

En arrivant à Chastellux, pour bien jouir du
coup d'œil, le voyageur, avant de visiter l'intérieur du château, devra descendre jusqu'au viaduc
construit sur la Cure. Ce viaduc, de vingt mètres
de hauteur sur 132 mètres 75 c. de long, se compose de onze arches : c'est un type remarquable de
construction monolithe en matériaux bruts ; ses
piles élancées donnent à cet ouvrage un caractère
d'audacieuse légèreté. Après l'avoir traversé, en se
retournant, on jouit d'une vue magnifique : le
château de Chastellux, le plus curieux édifice
féodal du Morvand, apparaît dans la position la plus
aérienne sur un rocher de granit, avec ses hautes
tours, couronnées de créneaux et hérissées de
machicoulis. (31 kilom. aller et retour).

II° Vézelay ; Saint-Père ; Pierre-Perthuis : L'excursion à Vézelay est des plus intéressantes, car,
en cours de route, on peut visiter : 1° le château
de Bazoches, demeure de Vauban, qui renferme

d'admirables tapisseries anciennes et l'armure du maréchal.

2º Le pont de Pierre-Perthuis, d'une seule arche de vingt mètres d'ouverture, reposant sur deux aiguilles de rocher et haut de trente-trois mètres.

3º L'église de Saint-Père, monument historique, véritable bijou ogival du XIIIᵉ siècle.

Vézelay est une vieille ville qui remonte au IXᵉ siècle : c'est la patrie de Théodore de Bèze. Saint-Bernard y prêcha la 2ᵉ croisade en présence de Louis VII.

Après avoir admiré l'église de la Madeleine, un des monuments historiques les plus curieux de France, restauré par Viollet-le-Duc, le touriste devra visiter la vieille porte dite « la Porte Neuve, » quelques curieuses maisons des XVᵉ et XVIᵉ siècles, et d'anciennes églises souterraines qui servent de caves aujourd'hui. (52 kilom. aller et retour).

IIIº Le lac des Settons : Ce lac a été fondé de 1848 à 1861, au moyen d'un superbe barrage en granit de 267 mètres de long sur 18 mètres d'élévation, avec une épaisseur de 11 m. 40 c. à la base et 4 m. 90 c. au sommet. Il couvre quatre cent-trois hectares de superficie et contient près

12.

de vingt-trois millions de mètres cubes d'eau, qui servent à alimenter les canaux du Nivernais et du Centre, et à produire sur la Cure les crues nécessaires au flottage des bois.

A la suite de la catastrophe de Bouzey, des inquiétudes ayant été émises sur la solidité de ce barrage, le gouvernement fit mettre le lac des Settons à sec, et décida la création, à l'intérieur, d'une seconde digue destinée à renforcer la première. Ces travaux de consolidation sont actuellement en train de s'achever. (60 kilom. aller et retour).

IV° *Le pont de Montreuillon* : Ce pont, connu sous le nom de *Pont de la Rigole,* est un bel aqueduc long de 170 mètres et haut de 33 mètres. Il a été construit en 1845. Il se compose de treize arches ayant chacune huit mètres d'ouverture. Sous une de ces arches passe la grande route, sous une autre la rivière de l'Yonne, et, sur ces voûtes, à trente-trois mètres en l'air, coule le canal de *la Rigole,* qui sert à alimenter le canal du Nivernais. (54 kilom. 500, aller et retour, en revenant par Gâcogne).

V° *Les grottes d'Arcy-sur-Cure et de Saint-Moré:* Cette excursion est un peu plus longue que les précédentes, mais la route est excellente, et le voyage s'effectue très facilement dans la même journée. Les grottes d'Arcy, avec leurs nombreuses salles, — (salle du désert, passage de Madame, salles de la Vierge, des milles colonnes, des décors, passage du défilé, salles des éboulements, de la danse, des vagues de la mer, trou du renard, passage de monsieur, salle du lac) — qui se prolongent en ligne droite, ne mesurent pas moins de *quatre cent quarante-quatre* mètres de longueur. — A la lueur des flambeaux qu'on est obligé d'emporter pour les parcourir, les stalactites et les stalagmites prennent les aspects les plus fantastiques et laissent dans l'esprit du visiteur émerveillé une impression qui ne s'efface jamais.

Non loin de là, on peut visiter les grottes de *Saint-Moré*, (grottes de la roche percée, du néo-troglodyte, de Nermont, des hommes, du Mammouth), qui, tout en étant moins curieuses que celles d'Arcy, méritent cependant qu'on s'y arrête. (82 kilom. aller et retour).

VI° *Le monastère de la Pierre-qui-Vire* : Ce monastère a été fondé par des moines bénédictins, en 1849, sur des terrains qui leur ont été abandonnés par la famille de Chastellux, dans le site le plus solitaire et le plus sauvage qu'on puisse imaginer. Son nom lui vient d'un bloc de granit qui, superposé sur un autre moins gros, tournait, *virait*, dit la légende, à l'heure de midi. — Ce bloc, placé à côté du monastère, est aujourd'hui consolidé et sert de socle à une statue de la Vierge élevée en 1853. — La bibliothèque du monastère renferme un nombre considérable de volumes, dont quelques-uns sont curieux et très rares.

En passant à Quarré-les-Tombes, le voyageur remarquera les nombreux cercueils en pierre, d'une seule pièce, qui entourent l'église. Ces tombes, en pierre étrangère au pays, sont encore aujourd'hui un problème pour les savants, et leur origine n'a pu être déterminée d'une façon satisfaisante. (65 kilom. aller et retour).

VII° *La Roche du Chien*, le *Dolmen Chevresse*. - En se rendant à la Roche du Chien, le touriste devra s'arrêter à Dun-les-Places et visiter l'église dont nous avons donné la description dans un des précédents chapitres.

La Roche du Chien, le rocher le plus visité du Morvand, a la forme d'une pyramide haute de trente mètres environ qui reposerait sur le sol par sa pointe. Composée d'immenses blocs de

granit superposés et s'accroissant de bas en haut,
cette pyramide renversée surplombe la route qui
rase son pied, et l'on se demande par quel prodige
d'équilibre cette énorme masse peut rester
debout.

A un kilomètre plus loin, on remonte sur la
droite un chemin de desserte ; on le suit en traver-
sant à gué le ruisseau du *Vignon*, et, en un quart
d'heure de marche dans la *forêt Chenue*, on arrive
au *dolmen Chevresse* (altitude 662).—Ce monument
druidique est composé de trois pierres dont l'une,
mesurant 5 mètres 50 c. de large sur 7 mètres de
long, repose sur chacune des deux autres en deux
points tellement limités de sa surface que sa
mobilité est extrême, et que, malgré son poids
énorme, l'action de la main suffit à lui imprimer
un mouvement de bascule. A sa surface, figure
l'emplacement préparé pour l'holocauste.

———

Lorsque les voyageurs, les touristes, les amoureux du ciel bleu et de l'air pur, auront passé
une ou deux semaines dans notre *Coin de Mor-*

vand, quand ils l'auront parcouru et admiré, en constatant que la petite fleur des montagnes, qui s'appelle l'*hospitalité*, y fleurit partout, alors, nous en sommes certains, c'est avec plaisir qu'ils en parleront à ceux qui ne le connaissent point, c'est avec regret qu'ils le quitteront en lui disant non pas « adieu », mais « au revoir ».

TABLE DES MATIÈRES

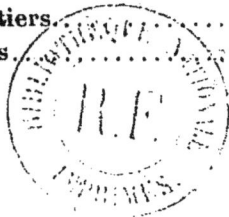

TABLE DES GRAVURES

AUXERRE. — IMPRIMERIE ALBERT LANIER, RUE DE PARIS, 43

www.ingramcontent.com/pod-product-compliance
Lightning Source LLC
Chambersburg PA
CBHW072045090426
42733CB00032B/2243